教育部中外语言交流合作中心
“‘中文+职业技能’文化类教材研发与教学资源建设”成果

“中文+职业技能”文化教程

孙雨桐◎主编

中国铁道出版社有限公司
CHINA RAILWAY PUBLISHING HOUSE CO., LTD.

内 容 简 介

本书以通识性文化知识为背景，以中国技术、工匠精神为核心和重点，突出职业技术特色，弘扬中国工匠精神，包括中国古代技术、中国现代技术、中国工匠、中国方案、中国与世界等五章内容。

本书有助于帮助学习者深切体会中国工匠精神，领悟中国制造的文化内涵，有助于达成“中文 +”培养“精技术、通语言、懂文化”复合型人才的目标。本书在潜移默化中讲述中国故事，有利于消弭文化隔阂，表达中国主张，提高国家文化软实力。

本书可作为“中文 + 职业技能”专业及“中文 + 职业技能”特色孔子学院文化类课程的教材，也可作为来华留学生的文化培训书。

图书在版编目（CIP）数据

“中文 + 职业技能”文化教程 / 孙雨桐主编 . 北京 ：中国铁道出版社有限公司，2024. 12. -- ISBN 978-7-113-31361-6

Ⅰ. K203

中国国家版本馆 CIP 数据核字第 2024WP9966 号

书　　名：“中文 + 职业技能”文化教程
作　　者：孙雨桐

策　　划：何红艳　　编辑部电话：（010）63560043
责任编辑：何红艳　贾淑媛
封面设计：刘　颖
责任校对：刘　畅
责任印制：赵星辰

出版发行：中国铁道出版社有限公司（100054，北京市西城区右安门西街8号）
网　　址：https://www.tdpress.com/51eds
印　　刷：北京铭成印刷有限公司
版　　次：2024年12月第1版　2024年12月第1次印刷
开　　本：787 mm × 1 092 mm　1/16　印张：6.75　字数：130 千
书　　号：ISBN 978-7-113-31361-6
定　　价：32.00元

前言

中国共产党第二十次全国代表大会报告提出："增强中华文明传播力影响力"，"讲好中国故事、传播好中国声音，展现可信、可爱、可敬的中国形象"，"深化文明交流互鉴，推动中华文化更好走向世界"。基于此，本书坚持情感性原则，致力于培养学习者对中华文化、中国职教的积极态度和对汉语学习以及职业技能培养的兴趣，加深对中国社会以及中国人民的感情。一方面，在宏观上，培养学习者对于中国制造、中国技术、中国职教的认同感；另一方面，从微观上，通过生活相关话题，引发学习者情感共鸣，使得学习者认同并热爱中国以及中国职教事业，成为中国制造、中国创造精神在世界范围内的传播者。

"中文＋职业技能"教育以提升中国科技影响力和文化感召力为育人导向，从提升中国科技价值入手，做到以技服人，从中国视角出发，展现科学全球观，使学习者了解中国智慧与中国方案对于世界的贡献，形成人类命运共同体意识，具有全球发展观、价值观、责任观和合作观。

本书以中国职业技术文化类内容为核心，融入汉语要素及中华文化要素，通过文化元素与中国故事的选择、呈现与阐释，传播中国职业技术文化，塑造中国职教文化品牌。本书的直接目标是培养中国职业技术文化的讲述者、中国职业教育文化的国际传播者。该目标体系的核心是：使学习者具备基本的技术文化知识，培养学习者跨文化交际能力、文化传播能力。

本书包含中国古代技术、中国现代技术、中国工匠、中国方案、中国与世界五部分。"中国古代技术"和"中国现代技术"重点介绍古代及近现代中国主要技术成就，涉及农业、建筑业、化工业、通信技术、计算机技术等多个方面，并以主要技术成就为线索，塑造中国技术的国际形象，突出中国制造、中国创造的品牌价值，彰显中国科技实力；"中国工匠"选取具有代表性的"匠人"，如鲁班、钱学森等，以匠人故事为线索，着力体现中国工匠精神，进而彰显中国技术精神，包括实践精神、家国情怀、技术认识等；“中国方案”主要介绍中国在环保、网络安全、科技合作、职业教育等方面的主张和策略，通过具有时代性、引人关注的世界性问题，以及与之相对应的中国智慧与举措，彰显中国方案的科学性、时代性与可借鉴性，体现中国的大国风范与决策力量；“中国与世界”部分立足全球，从中国与世界的联系、中国技术对世界的贡献以及中国的国际化倡议出发，引发学习者的共鸣和深思，体现中国的大国责任感和国际地位。

本书是教育部中外语言交流合作中心2021年度国际中文教育创新项目“‘中文+职业技能’文化类教材研发与教学资源建设”（项目编号：21YH039CX5）成果，面向“中文+职业技能”专业，服务“中文+职业技能”文化课程教学，旨在以通识性文化知识为背景，以中国技术、工匠精神为核心和重点，突出职业技术特色，弘扬中国工匠精神，让学习者深切体会中国制造和中国创造的文化内涵，有助于达成“中文+”培养“精技术、通语言、懂文化”复合型人才的目标。

本书以中国职业技术文化为主要内容，具有一定的内容深度及语言难度，要求学习者具有高级汉语水平，以及一定的职业技术专业知识。本书可用作“中文+职业技能”专业及“中文+职业技能”特色孔子学院文化类课程的教材，及来华留学生的文化培训书。

限于编者水平和时间，书中难免有不妥之处，敬请广大读者批评指正。

编　者

2024年9月

目录

第一章 中国古代技术

第一节 中国古代农业技术

想一想

1. 对于国家发展和人民生活来说，农业为什么至关重要？

2. 你认为中国古代哪些技术能够推动农业发展？

中国有一句俗语："国以民为本，民以食为天。"这句话的意思是"国家把人民作为根本，人民把粮食当作生命"。从这句话我们能够看出，粮食对于人民和国家至关重要。古往今来，农业在国家和社会的发展过程中一直有着举足轻重的地位，而农业的发展很大程度上依赖技术的发展和工具的革新。农业技术与工具的发展革新主要体现在生产工具、耕作技术的发展，水利工程、灌溉工具的进步，农作物的种植技术的推广等方面。

一、生产工具和耕作技术

中国原始时代的耕作方式是"刀耕火种"。"刀耕火种"是指把地上的草烧成灰，用这些灰作为肥料，然后就地挖坑播种。最初的原始生产工具主要是由石头、木头和骨头制成的，如石斧、木耒、骨耜等。后来，中国人炼制出了青铜器，于是青铜农具开始出现。在文学作品中，我们能够看到人们对青铜农具的使用。比如，《诗经》中写道："庤乃钱镈，奄观铚艾。"其中，"钱"、"镈"、"铚"和"艾"都是青铜农具。

春秋时期，中国进入了铁器时代，当时的人们开始使用铁农具。在这一时期，耕作技术也发生了一次重要改革——出现了牛耕技术。牛耕技术是指农夫用两头或者三头牛来拉犁耕作，农夫一只手扶着犁，一只手通过拉缰绳来控制牛的前进方向。犁是一种耕地的农具，端部有一个厚重的刀刃。“犁”这个字也体现出了牛耕技术。《说文解字》中写道：“犁，耕也。从牛、黎声。”“牛”是“犁”的形旁，表示该字的意义。由此，我们能够看出牛耕技术的广泛使用。

西汉时，耕作工具（犁）和耕作方法（牛耕）进一步改进，人们还发明了新型播种工具——耧车。唐朝时，人们对耕犁进行改进，发明了曲辕犁。曲辕犁灵活轻巧，不仅能够节省畜力，而且能够适应多种不同的耕作需要，还能铲除杂草的草根，极大地提高了耕作效率。因此，曲辕犁也被视为古代中国耕作农具成熟的标志。此外，在唐朝，南方水稻广泛采用了育秧移植栽培技术，这提高了南方的粮食产量，江南也因此成为重要的粮食产地。

二、水利工程

中国有“大禹治水”的传说，这个故事反映出，从远古时期开始，中国上古先民就已经开始与水患作斗争了。在这个故事中，中国的先民面对洪水，采取过“堵”和“疏”的策略。“堵”是指建起堤坝阻挡洪水，“疏”是指挖水道引导水流，疏导洪水。这两种方法是中国先民为战胜水患而进行的最早的水利工程方面的伟大尝试。

战国时期，很多地方都开始兴修水利。其中，最负盛名的就是都江堰。都江堰建于公元前三世纪，位于岷江中游，是当时的秦国蜀郡太守李冰和儿子带领人民修建的。都江堰是全世界至今为止，年代最久、唯一留存、以无坝引水为特征的宏大水利工程。作家余秋雨称都江堰是“中国历史上最激动人心的工程”。一方面是因为这一水利工程使得成都平原成为“天府之国”，时至今日，仍在发挥作用；另一方面是因为都江堰因势利导，体现了中国古人的智慧，以及“天人合一”的哲学思想。现在这里是著名的旅游景区，也是世界文化遗产，吸引着大量的海内外游客。

西汉时，黄河下游决口，汉武帝亲自来到现场，带领官员们和数万群众一起抢修河堤。东汉时，汉明帝命令王景治理黄河，修筑了绵延千里的黄河大堤，极大地解决了水患问题，使之前被淹没的土地又变成了良田。中国有句话叫“千里之堤，溃于蚁穴”，意思是一个很微小的隐患，会导致千里长堤的决口。因此，西汉和东汉时期，就已经有了专门负责巡视河堤的官员，他们保证河堤的坚固，检查河堤情况，防微杜渐。千百年来，黄河大堤绵延千里，栉风沐雨，守卫黄河两岸的安全，有着“水上长城”的美誉。

在中国古代，河运是重要的交通运输方式，对经济发展和文化交流有着重要影响。在中国，最负盛名的运河莫过于“京杭大运河”。京杭大运河始建于春秋时期，最终在隋朝时，隋炀帝贯通了南北运河，完成了“京杭大运河”的修建。它是世界上里程最长、工程最大的古代运河，也是最古老的运河之一，并且使用至今，是中国古代劳动人民创造的一项伟大工程。京杭大运河北起北京，南到杭州，途经四省（浙江、江苏、山东、河北）、两市（天津、北京），贯通五大水系（海河、黄河、淮河、长江、钱塘江）。京杭大运河对沿线地区的农业发展有巨大作用，也对中国南北地区之间的经济、文化发展与交流有重要作用。

三、灌溉工具

农业生产离不开灌溉，中国古代人民发明了许多灌溉工具。商代时，中国劳动人民就发明出了一种原始的汲水工具，叫桔槔。桔槔是当时比较先进的灌溉工具。人们在一根木架上放置一根细长的木棍，木棍就是杠杆，木架与木棍交接处是支点，木棍的一端悬挂一个重物，另一端挂着水桶，利用杠杆原理来汲水。

周朝，出现了辘轳，这种工具利用轮轴原理从井中取水。从原理上来看，辘轳是桔槔的升级版，可以算是一种起重机械。桔槔和辘轳都是具有简单机械结构的灌溉工具。隋唐时代，人们在辘轳的基础上发明出井车，用于从深井中提水。

翻车出现在东汉末年，三国时期得到完善，因为形状像龙的骨头，也叫龙骨水车。翻车可以通过手摇、脚踏、牛转、水转或风转，连续取水，而且可以搬运到不同的地方。翻车是农业灌溉工具的重大改进，是中国最著名的灌溉机械之一，是世界上出现最早、流传最久远的农用水车。

隋唐朝时，创制了新型灌溉工具——筒车，也被称为“水转筒车”。筒车以水流作为动力，上下各有一个轮子，下轮一半淹在水中，两轮之间有轮带，轮带上装有很多尺把长的竹筒管。流水冲击下面的水轮转动，竹筒就浸满了水，并自下而上地把河水带到高处倒出。诗文中就有描写筒车的诗句。比如，《调笑令》中写道：“翻倒，翻倒，喝得醉来吐掉，转来转去自行，千匝万匝未停。未停，未停，禾苗待我灌醉。”《水轮咏》中写道：“孤轮运寒水，无乃农自营。随流转自速，居高还复倾。”

四、农作物种植技术

原始社会时期，中国的原始居民们就培植出了水稻和粟，中国是世界上最早培植水稻和粟的国家。水稻和粟是非常重要的粮食作物，水稻是世界第一大粮食作物，而粟是一类小籽粒谷物的总称，包括谷子、黍等，俗称小米，中国北方是粟的起源中心。除了粮食之外，原始居民也开始栽种竹子，他们用竹子编制了很多日常生活所需要的东西。竹子做成的竹简还可以用来写字。正是因为竹简记录了文字，才使得中国文字记载的历史可上溯到殷商时代，竹简对于中华文明的传承具有重要意义。

商周时期，人们已经能够种植“五谷”（“五谷”指五种谷物，包括稻、黍、稷、麦、豆，现在泛指所有的粮食作物），并开始运用选种技术。《诗经》中也有不少关于农作物选种、留种技术的记载。此外，商周时代的劳动人民还开始栽培茶树、采茶、用茶。中国是世界上最早发现茶树、利用茶叶、种植茶树的国家，中国也因此被称为“茶的故乡”。

西汉时，人们开始利用特殊设施来栽培“反季节”蔬菜，这种措施近似于今天的温室大棚的雏形，这种设施还被用于培育珍稀动物和植物。这样看来，中国是温室栽培起源最早的国家。

唐朝时，中国许多地方普遍种植茶叶，全国盛行饮茶。唐代陆羽著有《茶经》，这是中国乃至世界现存最早、最完整、最全面介绍茶的专著，陆羽也因此被称为“茶神”。张骞出使西域，开启“丝绸之路”，茶叶和茶文化随丝绸之路进一步传播，茶叶成为了著名的跨文化交流产品。与此同时，丝绸之路也为中国引进了许多新的农作物品种。

宋明时期，引进了大量农作物。宋朝时，从越南引进占城稻，水稻产量明显增加。苏州、湖州成为重要粮仓，流传着“苏湖熟，天下足”的谚语。棉花种植也由两广、福建扩展到长江流域。明朝时，引进原产南美洲的玉米、甘薯，还引进了马铃薯、花生、向日葵等。

五、农业著作

中国劳动人民积累了数千年的农业生产经验，留下了丰富的农学著作。《氾胜之书》《齐民要术》《王祯农书》《农政全书》是中国古代四大农书。

西汉晚期，氾胜之编写成了《氾胜之书》，该书总结了当时黄河流域劳动人民的农业生产经验和技术。这部农学著作是中国现存最早的一部农书。

北朝时，贾思勰著有《齐民要术》，该书系统地总结了6世纪以前黄河中下游地区农牧业生产经验、食品的加工与贮藏、野生植物的利用等。这部书是一部综合性农学著作，也是中国现存最早最完整的农书，被誉为“中国古代农业百科全书”。

元朝时，王祯著有《王祯农书》，该书对当时中国的农业成就进行系统研究，探讨了南北方农业技术的异同，并以图文方式介绍了各种农具。

明朝时，徐光启著有《农政全书》，总结了中国历代农业生产的经验、技术和理论，体现了“农政”思想。《农政全书》被翻译为多种语言，并引介到许多国家，推动了这些国家的农业技术和理论的发展，对于中外农业跨文化交流有着重要作用。

思 考

1. 请讲一讲中国古代在生产工具和耕作技术方面的成就。
2. 请讲一讲中国古代在水利工程方面的成就。
3. 请讲一讲中国古代在灌溉工具方面的成就。
4. 请讲一讲中国古代在农作物种植技术方面的成就。
5. 请讲一讲中国古代在农业著作方面的成就。

第二节　中国古代建筑技术

想一想

1. 你有没有看过中国古代的建筑？
2. 中国古代建筑美在哪里？

中国古代建筑表达一种深沉内敛的美感，强调一种“和”的精神。中国历朝历代的建筑各具特色，展现出中华建筑美学理念的发展。

一、中国古代建筑发展历程

1. 萌芽与成长阶段

商周到秦汉时期是中国古代建筑的萌芽与成长阶段。

商周时期，夯土技术被广泛运用大型宫殿和工程的建造。在当时，夯土建筑是主流的建筑形态，居住在夯土建筑中能够体现一个人的社会地位。战国时期，大城市开始出现，城市的出现对于建筑速度和质量提出了新的要求。为了适应新的要求，瓦的制作和应用技术进一步发展，砖也开始出现，装饰纹样也更加丰富多彩。此外，人们还开始把铁工具应用于建筑，极大提高了木构建筑的质量，加快了施工速度。建筑技术和材料的进步，推动了规模宏大的水利工程和宫殿建筑的修建，如都江堰和（战国）秦咸阳宫殿。

秦朝建立后，由于国家统一，秦始皇举全国之力，建造了前所未有的宏大建筑。在交通方面，秦始皇修建了通达全国的驰道；在防御工程方面，在六国建筑基础之上，修筑了长城；在宫殿和陵墓方面，秦始皇扩建咸阳宫殿，仿建六国宫室，还修建了著名的阿房宫、骊山陵，至今还能看到这些建筑的遗迹。唐代杜牧的《阿房宫赋》

中这样描述阿房宫：“五步一楼，十步一阁；廊腰缦回，檐牙高啄。”在这一时期，全国性的大型工程的修建使得各地的建筑风格和技术得以交流融合，促进了统一的中国建筑风格的形成。

汉代时，社会生产的发展带来了建筑的繁荣。这一时期，木构建筑逐渐成熟，砖瓦生产和砌筑技术不断提高。材料和技术的成熟，促使中国古典建筑三段式（台基、屋身和屋顶）的外形特征基本定型，也使得汉代各类建筑得到全面发展，包括宫殿、陵墓、民居、城市等。

2. 成熟与高峰阶段

唐宋时期，中国古典建筑走向成熟，建筑技术和艺术风格对后世影响深远。其中，盛唐至北宋时期的建筑成就尤为辉煌。

隋朝实现了中国的南北统一，唐宋时期是中国古代经济、文化和艺术发展的高峰期。这一时期，国家的统一，经济文化的繁荣，促使着中国古代建筑走向成熟和灿烂。在建筑材料方面，砖瓦的产量、质量都有所提升，应用也更加广泛，琉璃的烧制更加成熟。在建筑结构方面，一方面，建筑结构趋于定型，建筑构件的比例逐渐定型；另一方面，逐渐形成了完整的建筑体系。在艺术风格方面，唐代建筑气势雄浑，绚丽多姿，吸收了诸多外来元素，创造出前所未有的建筑风格。宋代建筑风格柔美细腻，变化多样，形式复杂。这一时期还出现了建筑学著作《营造法式》和《木经》。其中，李诫所著的《营造法式》是中国古代最完整的建筑技术著作，也是世界上最早、最完备的建筑学著作。

3. 充实与总结阶段

元朝到明清时期是中国古代建筑的充实和总结阶段。

在宫殿修建方面，明清宫殿是历朝历代保存得最完整的，北京故宫和沈阳故宫是其中的大成之作。在城市建设方面，明清时期的北京城、南京城是杰出代表，北京的四合院和江浙一带的水乡民居是这一时期民居建筑的典范。园林是明清建筑最具特色、成就最高的建筑类型，明代江南园林朴素淡雅，意境深远，清代皇家园林，气魄恢宏，庄重华贵。此外，坛庙和陵墓方面，修建了祭祀天地的北京天坛和祭祀帝王祖先的明清帝陵。明代帝陵在继承前代建筑精髓的基础上，自成一派，而明十三陵最负盛名。清代帝陵继承了明代帝陵的制度和风格，清东陵和清西陵最为有名。

二、中国古代代表性建筑

1. 北京故宫

北京故宫是明代和清代的皇家宫殿，古时称为“紫禁城”，位于北京中轴线的中心。按照布局与功能，故宫分为外朝与内廷两部分。外朝是皇帝处理政务的地方，以三大殿（太和殿、中和殿、保和殿）为中心。太和殿是举行盛大仪式的地方，也叫“金銮宝殿”。“太和”的意思是“天地万物和谐运行”。太和殿是整个紫禁城中等级最高、规模最大、最庄严雄伟的建筑。太和殿极具审美价值，太和殿的檐角上垂兽（又称角兽）形态姿势各异。在中国古代，建筑檐角上的垂兽越多，级别越高。太和殿的檐角上有10个垂兽，这是最高的数量，象征着皇帝掌握着最高的权力。中和殿是皇帝接受官员朝贺和休息的地方。“中和”的意思是“秉中庸之道，求天下和顺”，就是“采取不偏不倚、折中调和的处世态度，追求天下的和谐顺遂”。保和殿是举行宴会和科举殿试的场所，“保和”的意思是“保持万物和谐”。

内廷是皇帝和后妃的生活区域，以三大宫（乾清宫、交泰殿、坤宁宫）为中心。乾清宫是后三宫中第一个宫，是皇帝的正式居所。交泰殿位于乾清宫与坤宁宫的中间，“交泰”的名字来自《易经》中的“乾坤交泰”，意思是“天地交则泰，上下通则久”。这里是皇后在节庆时接受礼贺的地方。坤宁宫是皇后的寝宫，后来成为祭祀的主要场所。

故宫占地约72万m^2，建面约15万m^2，宫殿70多座，房屋近万间，规模宏大，雄浑壮美，有“百木之王”金丝楠木、“天下第一砖”御窑金砖等珍贵的建筑材料，有许多能工巧匠合力打造的珍宝，这使得故宫无论是在历史价值、艺术价值还是建筑价值方面，都具有无可取代的重要性。

2. 颐和园

颐和园是中国清朝时期的皇家园林，位于北京西郊，占地3.009 km^2。颐和园汲取江南园林的艺术风格，是一座大型山水园林，也是保存最完整的一座皇家行宫御苑，被誉为“皇家园林博物馆”。颐和园主要包括万寿山和昆明湖两个部分，各种园林建筑有3 000多座（间），收藏文物达万件之多。颐和园风景秀丽，有许多有名的景点。比如，著名的十七孔桥长150 m，是中国皇家园林中现存最长的桥，而且上面有540余只形态各异的石狮子，趣味十足。每年冬至前后，还能在十七孔桥欣赏到“金光穿洞”的奇景。颐和园中还有一个具有西洋风格的建筑——清宴舫，取义自唐朝韦应物的诗句“野渡无人舟自横”，意思是荒野里的渡口没有人，只有一只小船悠闲地横在水面上。这句诗描绘出了闲淡、宁静的景象。

3. 天坛

天坛公园位于北京市，占地约273万m^2。天坛在明朝和清朝的时候是帝王祭祀并祈求五谷丰登的地方。天坛包括圜丘、祈谷两个祭坛。圜丘在南面，用于祈求风调雨顺；祈谷坛在北面，用于祈求谷物丰收。圜丘内有圜丘坛、皇穹宇等建筑，祈谷内有祈年殿、皇乾殿、祈年门等建筑。天坛有两重坛墙，坛墙南面是方的，北面是圆的，表达了古人“天圆地方”的世界观。事实上，天坛最初建成时，圜丘是一座湛蓝透亮的琉璃圆台，象征着“天”。天坛作为皇家祭祀场所，建筑风格宏伟壮丽，磅礴大气。

4. 明十三陵

明十三陵位于北京市，是明朝十三位皇帝的陵墓，是世界现存规模最大、帝后陵寝最多的一处皇陵建筑群。明十三陵作为皇家陵墓，建筑体系完整、宏伟壮观、庄严肃穆，但同时整个陵区又环境优美、典雅古朴。这里处处彰显着人工与自然交织的和谐美感，既能看到绿树成荫、山川交错的自然之景，又能欣赏到珍贵的文物、精美的雕塑和巍峨的建筑。

5. 西安钟鼓楼

西安钟鼓楼是西安钟楼和西安鼓楼的合称，位于陕西省西安市市中心。钟楼与鼓楼遥相呼应，成为西安这座历史名城的标志性建筑。

西安钟楼是中国现存的形制最大、保存最完整的钟楼之一。钟楼是阁楼式建筑，分两层，每层都有明柱回廊、彩枋细窗及雕花门扇，还装饰有木刻的、彩绘的各种古典图案。屋檐四角飞翘，像鸟展翅高飞一样。琉璃瓦屋面上的兽吻，栩栩如生。兽吻是一种装饰性物件，通常是兽类的形象。中国古人希望这些神兽能够庇佑建筑，后来也用来体现房屋主人的地位和权势。钟楼的顶部是鎏金宝顶，金碧辉煌，熠熠生辉。

西安鼓楼是中国形制最大、保存最完整的古代鼓楼之一。西安鼓楼建在方形基座上，是砖木结构。和钟楼一样，鼓楼屋檐上也覆盖有琉璃瓦，顶部有鎏金宝顶，屋内雕梁画栋，色彩华丽。

钟楼和鼓楼都是古时人们用来报时的重要建筑，中国古代也有“晨钟暮鼓”的成语。

6. 江南园林

江南园林是中国古典园林的杰出代表，最有名的是江南“四大名园”——南京瞻园、苏州拙政园、苏州留园、无锡寄畅园。江南园林不讲究对称，强调布局要体现出自然的趣味，既讲究整体的和谐，又注重细节之美。江南被称为“水乡”，江南园林自然就着重表达“水景”，讲究山水相映，就是水里要有山的倒影，水的波光又要照亮山的翠绿。此外，江南园林追求近景和远景的层次感，亭台水榭，花墙回廊，随着游客的脚步挪动，依次展现在眼前，形成一种纵深感，使置身其中的人体会到“移步换景”的乐趣。江南园林凝聚了中国知识分子和能工巧匠的勤劳和智慧，蕴涵着“本于自然，高于自然”的哲学思想，具有如诗如画的写意美感，吸引着无数中外游客。

思　考

1. 请讲一讲中国古代建筑发展历程。
2. 在中国古代代表性建筑中，你最欣赏哪一座建筑？为什么？

第三节　中国古代化学技术

想一想

1. 你知道青花瓷吗？你知道美丽的青花瓷是使用什么技术制成的吗？
2. 你有没有品尝过中国的醋和酱油？
3. 你了解丝绸吗？你知道“丝绸之路”吗？

一、炼丹术——早期化学试验

公元前200至公元400年，炼丹术在中国兴起。中国古代有一些炼丹术士，他们幻想造出长生不老药。为此，他们用高温炼制各种矿石、金属，进行实验。虽然这些炼丹师并没有造出长生不老药，但却有许多意外的收获。这些炼丹实验其实可以看作是早期的化学试验，为中国古代的化学探索和积累做出了很大的贡献。炼丹家葛洪总结了当时的化学试验经验，写成《抱朴子·内篇》。虽然这本书是一部炼丹术著作，但书中有许多有价值的化学发现，如化学反应的可逆性和物质的相互转化。此外，魏伯阳的《周易参同契》记录了汞、铅、金、硫等元素和数十种药物的特性与配制方法。通过炼丹术，古代中国人积累了大量的化学操作经验，发明了许多实验仪器，认识了许多天然矿物，为后来火药的发明奠定了基础。

二、陶瓷技术

中国古代的陶瓷制作技术也与化学息息相关。中国是世界上最早制作陶器的国家之一，公元前800年—公元前600年，中国就已经制造出了陶器。商代时，创制出了釉陶和原始瓷器。到东汉时，发明出了符合现代标准的瓷器。从制作陶器到制造瓷器，制作工艺的进步体现了古代中国人对化学知识的掌握和运用。中国古代制瓷技术的杰出代表是青花瓷。这种瓷器为青蓝色，花纹繁复多样，呈色艳丽稳定。此外，黑釉的烧制也非常精巧，烧制过程中要求严格控制成分的用量，精准掌握温度和通风状况。

古代陶器和瓷器是具有很高收藏价值的珍贵文物，其发展历程就像中华古代科技发展的缩影，体现了精益求精的匠人精神。在古陶瓷技术基础上，能够研发出各种无机非金属材料，而这些材料是现代高新科技发展不可或缺的。

三、冶金术

除陶瓷技术外，中国古人还在青铜器、铁器的冶炼方面取得了杰出的成就。早在夏朝，中国就进入了青铜器时代。公元前14世纪，中国就掌握了高超的青铜冶炼技术，制造出了造型复杂、工艺精巧、庄重雄伟的青铜器。青铜实际上是铜、锡等元素的合金，因为颜色是青绿色，因而被称为“青铜”。通过调整铜、锡等元素的含量和配比，可以调整青铜器的硬度和颜色，进而制造出各种形态样式的青铜器。古代劳动人民在长期的青铜冶炼实践中，总结出了铜、锡合金的六种调配比例，体现了中国古人高超的冶金工艺。著名的青铜器有马踏飞燕、司母戊鼎和四羊方尊等。

早在春秋时期，中国人已掌握冶铁技术，冶炼出了“生铁”（含碳量大于2%）。以此为标志，中国真正进入铁器时代。在冶铁技术的基础上，中国古代工匠逐渐发现了“钢”这种材料，并掌握了钢的冶炼方法，发展出了块炼铁、炒钢、百炼钢和匀碳制钢等多种制钢技术。其中，“百炼钢”，顾名思义，是指反复锻打可以炼成钢铁。因此，也出现了一个成语“百炼成钢”，比喻人经过长期艰苦的锻炼而变得非常坚强。

四、食品加工技术

曹操在《短歌行》中写道：“何以解忧，唯有杜康。”这里的“杜康”借指酒。相传，杜康是中国古代传说中酿酒的发明者，他曾经把一些粮食放在一个树洞里，经过一段时间后，粮食在树洞里发酵，散发出芳香的气味，这就是酒的雏形。后来，“杜康”就成为酒的代称。

中国的酿酒史可以追溯到新石器时代。约5000年前，中国已经出现了谷芽酒酿造技术。水果容易发酵成酒精，但是谷物不易发酵成酒精。因此，中国古人发明糖化和酒化双功能的酒曲，以及沿用至今的白酒酿造法。这种发酵法是先把谷物蒸熟，再放入酒曲发酵。蒸熟的谷物在酒曲中的微生物的作用下，被分解发酵成为酒。然后对液体进行过滤，滤去固体的酒糟，得到的液体就是最终的产品——美味醇香的酒。美酒要经过多年的储藏，才能得到极佳的香气和口感。储藏时间越长，酒就越发芳香醉人。古代酿制工艺为现代化制酒业提供了丰富经验，也为近代发酵科学奠定了基础。

此外，中国古代发展出了高超的制醋、酱油酿造、腐乳制造和红曲发酵技术。醋始于西汉，历史上有很多有名的醋流传至今，蜚声海内外，如山西陈醋、镇江香醋等。酱油的制作约开始于汉代，酱油原来是用于医药用途，后来才出现了作为调料的酱油。中国人将发酵法用于豆制品，发明了腐乳。此外，中国古人还运用发酵法发明了红曲、馒头和豆腐等食物。其中，馒头被誉为中国面食文化的象征，豆腐为人体提供优质蛋白质，这些食物都对维持人民生活健康发挥了重要作用。

五、丝绸及染色技术

中国是“纤维之王”——蚕丝的故乡。相传，轩辕黄帝的元妃嫘祖发明了养蚕技术，教民植桑养蚕、缫丝制衣。丝织品工艺复杂、柔软平滑、光泽独特，是工业革命以前主要的国际贸易物资。从西汉起，中国的丝绸不断大批出口到国外，成为世界闻名的产品。丝绸之路也成为中外经贸、文化交流的重要桥梁。

中国古代的丝织技术和麻纺技术在世界上有领先优势，与此相对应的印染行业也获得了较快的发展，人们的审美也在逐渐提升，不满足于色调的单一。于是，人们开始探索染料及染色技术，并在染色过程中掌握越来越多的化学知识。中国古代的布料印染技术十分发达，印染使用的染料大多是从天然植物中提取出来。当时的人们经过“化学加工”，提炼出来植物性染料，如蓝靛（深蓝色）、茜红（大红色）等。中国古代人民提取蓝靛的技术传入了欧洲，并且在很长一段时期内，蓝靛都是欧洲染色与印花的主要染料之一。

思　考

1. 请讲一讲中国古代在早期化学试验方面的成就。
2. 请讲一讲中国古代在陶瓷技术方面的成就。
3. 请讲一讲中国古代在冶金术方面的成就。
4. 请讲一讲中国古代在食品加工技术方面的成就。
5. 请讲一讲中国古代在丝绸及染色技术方面的成就。

第四节　中国古代天文技术

想一想

1. 你了解中国使用的“农历”这种历法吗？
2. 你知道“二十四节气”吗？

中国是世界上最早发展天文学的国家之一。中国古代的天文学在天文观测、历法制定、天文仪器的制造和使用等方面，取得了许多灿烂的成就。

一、天文观测

天文观测是中国古代天文学的主要内容，中国古代天文学家在恒星、行星、日月和异常天象观测方面，都有杰出的成就，尤其是在天象记录方面，记录的连续性、完备性和准确性，在世界上首屈一指。

在恒星观测方面，中国古代天文专著《甘石星经》记载了数百颗不同方位的恒星，是世界上现存最早的天文著作之一。根据《甘石星经》整理而来的《石氏星表》是世界上最古老的星表之一。在日月行星观测方面，中国古代有很多记录。其中，关于日月食的观测记录尤为丰富。从汉初到公元1785年，共记录日食925次，月食574次，记录之丰富，堪称世界之最。

中国古代天文学对世界天文学的最大贡献是新星和超新星记录。公元前14世纪殷商时代的甲骨文中就有了新星的记载。自那时起直至公元1700年，中国共记载新星90颗。其中，有超新星10颗。中国古代天文学在古代恒星观测上的这项伟大成就，对现代天文学对新星、超新星的探索具有重要的意义。

中国还有不少太阳黑子记录。西汉时期，《汉书·五行志》记录了公元前28年3月的太阳黑子现象，这是目前公认的世界最早的太阳黑子记录。从公元前28年到明代末年，中国共有100多次翔实可靠的太阳黑子记录。这些记录不仅有确切日期，而且对黑子的形状、大小、位置乃至分裂、变化等，也都有很确切的描述。这些记录是极为珍贵的历史资料，有着重要的参考价值。

在异常天象的观测记录方面，中国是对哈雷彗星观测记录最久远、详尽的国家。中国最早的彗星的记录是在公元前1034年。公元前613年，《春秋》将哈雷彗星载入史册，这被认为是世界上最早的哈雷彗星记录。从公元前613年的首次回归到1910年，中国古代文献共记载哈雷彗星回归三十余次。自春秋时期至清朝，中国古代天文学家记录彗星数百次。法国著名天文学家巴尔代说：“彗星记载最好的（除极少数例外），当推中国的记载。”

中国古代对著名的流星雨，如天琴座、英仙座、狮子座流星雨等，有多次记录，光是天琴座流星雨至少就有10次，英仙座的至少也有12次。自公元前7世纪起，中国古代至少有180次以上的这类流星雨纪事。

二、历法制定

中国传统的历法是农历，也叫夏历、汉历，这是一种“阴阳合历”。阳历以地球绕太阳运动作为根据，阴历以月亮盈亏作为根据。农历既考虑月亮的运动，又考虑太阳的运动，被认为是最科学的历法。

中国传统纪年法是干支纪年法，即用十天干和十二地支进行搭配以纪年的方法。中国古代劳动人发明了“四分历”。四分历是中国古代长期使用的历法，四分历设定太阳回归年的平均日数为365.25日，称为“岁实”。如果以365日计算，那么每年会多出0.25日，4年会多出1日。因0.25日换算成分数为四分之一日，故称之为“四分历”。

汉武帝时，天文学家制定出《太初历》。《太初历》是中国有完整文字记载和实物数据可考的第一部科学的传世历法，它不仅恒定以孟春正月为“一元之始”，而且首次将二十四节气纳入中国历法中。二十四节气是中国古人为了指导农业生产，通过观察气候和自然现象，总结出来的关于自然节律变化的规律。二十四节气分别是立春、雨水、惊蛰、春分、清明、谷雨、立夏、小满、芒种、夏至、小暑、大暑、立秋、处暑、白露、秋分、寒露、霜降、立冬、小雪、大雪、冬至、小寒、大寒。《太初历》是中国古代一部比较完整的历法，是中国历法上一个划时代的里程碑。

南北朝时期，中国著名数学家、科学家祖冲之创制《大明历》。《大明历》测算的一周年长度为365.24231481天，这个数值和近代科学测定的数值相差仅50余秒。

唐代时，天文学家僧一行创制《大衍历》，比较准确地反映了太阳运行的规律，这标志着中国古代历法体系的成熟。僧一行也是世界上第一个用科学方法测算出地球子午线长度的人。

元代时，政府修订了《授时历》，以365.2425天（356日5时49分12秒）为一回归年，这个数值与现代世界通用的公历（1582年《格里高利历》）完全相同，与现代测量数据仅相差25.92秒。

三、仪器的制造和使用

中国天文仪器的制造历史悠久，自成一格。中国古代的宇宙理论是“浑天说”，“浑”的意思是圆球，认为宇宙是球体，“浑天如鸡子，天体圆如弹丸，地如鸡中黄”。根据浑天说，中国古人创造出了浑仪和浑象。

浑仪创造于汉代，是一种天文观测仪器。浑仪的理论基础是“浑天说”。因此，浑仪整体上是一个球体，里面有一系列同心圆，上面可以安装“窥管”，这是一种类似望远镜的装置。

公元前2世纪中叶，天文学家耿寿昌发明了浑象，用来演示天体运动，类似于今天的天球仪。浑象是球形的，象征天球，圆球画满星辰，还有南北极、黄赤道、银河等，浑仪中间安装有一根可以转动的转轴。转轴转动，圆球就会旋转，能够形象地体现出“浑天说”所认为的天体运行和变化情况。

浑象和浑仪合称浑天仪。最初的浑天仪经过不断的发展改进，发展出具有多种功能的仪器。东汉的张衡在前人的浑象研究基础上，发明了世界上第一个水力浑天仪。张衡还发明出了地动仪，可以测出发生地震的方向，这个发明领先世界同类发明1700多年。

元代时，著名天文学家郭守敬对以往浑仪进行简化，发明出了简仪，设计简洁，非常实用，这项发明领先世界300多年。郭守敬共发明了许多天文观测仪器，著有十四种天文历法著作。北宋时期，苏颂、韩公廉等人设计了水运仪象台，这是一个以水为动力的天文钟，这个装置具有计时报时、天文观测和星象显示等功能，被认为是当时世界上最先进、技术综合程度最高的大型机械装置，也是中国古代天文仪器制造史的巅峰之作。

思 考

1. 请讲一讲中国古代在天文观测方面的成就。
2. 请讲一讲中国古代在历法方面的成就。
3. 请讲一讲中国古代在仪器的制造和使用方面的成就。

第五节 中国古代医学技术

想一想

1. 你了解中医的医学理念吗？
2. 你知道《本草纲目》吗？
3. 你了解“五禽戏”吗？

一、中国古代医学著作

《神农本草经》是现存最早的中药学著作，中医四大经典著作之一。相传，这本书是神农氏写的，经过一代又一代口耳相传，在东汉时期整理成书。这本书的写作过程漫长，作者也不止一个人，是中国古代人民医药经验和智慧的体现。全书分为三卷，记载了365种药物。许多药材至今仍是临床常用药，书中记录的药物对170多种疾病都有治疗效果，该书对药物的使用剂量、时间等都记载得非常细致，对中国古代中药学的发展起到了奠基作用。

《黄帝内经》是现存成书最早的中医医学典籍，中医四大经典著作之首。相传，这本书的作者是黄帝，因此命名为《黄帝内经》。但事实上，此书“非一时之言，其所撰述，亦非一人之手”，是历代医学家先后创作发展而来的，大概成书于西汉时期。这本书用对话、问答的形式，强调人们应当在疾病没有发生的时候进行防御，主张通过养生防病。该书是一本综合性医书，建立了中医学上的“阴阳五行学说”“脉象学说”“藏象学说”等学说，为中医医学理论发展做出了重要贡献。事实上，这本书不仅仅是一本医书，该书还体现了中国古代的世界观、生命观，蕴含着中国古代哲学智慧。《黄帝内经》认为人的健康与自然息息相关，从天、地、人之间相互联系的角度，讨论了生命规律。

《诸病源候论》又称《诸病源候总论》《巢氏病源》，是中国现存的第一部病因证候学。该书详细阐述了以内科为主的内、外、妇、儿各科67类病的病因、症状、病变等。该书由隋代巢元方等在公元610年撰写而成。该书共五十卷，对以往疾病症候的记录分门别类地进行整理，推动中医病因学说走向系统、全面的方向。

《千金要方》又名《备急千金要方》《千金方》，是中国古代中医学经典著作之一，由唐代医学家孙思邈所著，孙思邈对以往的中医诊治经验进行总结写成此书。因此，这是一部综合性临床医著，对后世影响很深远。这本书之所以取名为“千金”，是因为孙思邈认为生命比千金都要珍贵，而对症下药的处方能够救人命，就如同千金一样宝贵。作者孙思邈在晚年时，总结自己近三十年的临床经验，写成《千金翼方》，作为对《千金要方》的补足《千金翼方》全书共三十卷，是中国历史上最重要的中医药典籍之一。《千金要方》和《千金翼方》被誉为中国古代临床医学百科全书，孙思邈也因其在医药学方面的卓越贡献，被誉为“药王”。

《唐新修本草》又名《唐本草》《英公本草》，是中国第一部政府颁布的药典。唐朝时，医生治病所依据的指南中的一些内容已经过时，且当时外国的部分医药文化传入中国，丰富了唐朝的药物种类。唐朝政府为了对药物知识进行更新和总结，下令由苏敬等23人撰写新的本草著作——《唐新修本草》。为了更加准确细致地记录药物，全国各个产药地区送上了药物标本，编者根据药物样本绘图。因此，该书药图极为丰富。全书共54卷，正文20卷，正文实际载药850种，将药物分为草、木、禽兽、虫鱼四类，记录了药物性状、产地、功效等。该书记录了大量的本土药材，并收录了不少外来药材，纠正了以往药书中的错误，内容丰富，影响深远，为后世药物的应用和研究提供依据。

《本草纲目》是明代李时珍撰写的药物学巨著。该书介绍了明代以前历代各家本草理论以及本草学发展的基本情况，记载药物1892种，收集医方11096个，绘制精美插图1160幅。该书的编写工作历时30年，总结了明代以前本草学成就，结合从民间搜集来的大量药物学知识，考证800多种医药著作，修改校订三次。《本草纲目》提出了比较科学的药物分类方法，全书将1892种药物分成了16个大类，每个大类称之为“部”。该书在分类方法方面，符合从无机到有机、从低等到高等的观点，反映出了生物进化的思想。这本书不仅记录了大量的中药材，而且还涉及不少植物学、动物学、矿物学、物理学、化学、农学等方面的内容。

《伤寒杂病论》是东汉“医圣”张仲景所著，是中国古代中医学经典著作之一，也是中国第一部临床治疗方面的巨著。该书以外感病与内科杂病为主要内容，系统分析了伤寒的病因、症状、病程和治疗方法，确立了中医辨证施治原则，奠定了理、法、方、药的理论基础。《伤寒杂病论》对于中医发展意义重大，金代医家成无己曾这样评价：“惟张仲景方一部，最为众方之祖……实乃大圣之所作也。”

二、中国古代医疗手段

战国时期，名医扁鹊根据民间流传的经验和多年医疗实践，总结出来诊断疾病的四种基本方法——望诊、闻诊、问诊和切诊，即“四诊法”。“望诊”指通过肉眼观察病人外部的神、色、形、态，以及各种排泄物，来推断疾病。“闻诊”指通过医生的听觉和嗅觉收集病人说话的声音和呼吸咳嗽散发出来的气味等信息，作为判断病证的参考。“问诊”指医生通过跟病人或知情人了解病人的主观症状、疾病发生及演变过程、治疗经历等情况，作为诊断依据。“切诊”主要指切脉，就是用手指按在病人的桡动脉处（腕部的寸口），根据病人体表动脉搏动显现的部位、频率、强度、节律和脉波形态等因素组成的综合征象，来了解病人所患病证的内在变化。中医强调“四诊合参”，意思是必须将望诊、闻诊、问诊和切诊得出的信息进行综合分析，去粗取精，去伪存真，才能作出由表及里的全面的科学判断。

东汉末年医学家华佗擅长外科手术，被誉为“神医”。他发明了“麻沸散”，这是一种从植物中提取的麻醉药，可以用于外科手术，这一发明比西方早1600多年。同时，华佗还创造了“五禽戏”，这是通过模仿虎、鹿、熊、猿、鸟等动物的动作创造的一种健身操，分别仿效虎之威猛、鹿之安舒、熊之沉稳、猿之灵巧、鸟之轻捷，力求人体可以达到蕴涵“五禽戏”的神韵，以达到锻炼身体的目的。

思考

1. 请讲一讲中国古代有哪些医学著作。
2. 请讲一讲中国古代有哪些医疗手段。

第六节　中国古代四大发明

想一想

1. 你了解中国古代四大发明吗？
2. 中国古代四大发明对世界有哪些影响？

一、造纸术

造纸术起源于西汉，成熟于东汉时期。西汉初年，中国发明了造纸术。公元105年，东汉时期，蔡伦在原有造纸术基础上进行改造，发明出的纸张更加轻薄、洁白，被称为“蔡侯纸”。造纸术所用到的主要原料包括树皮、麻头和渔网等，这些原料经过搓、捣、炒、烘等步骤，最后变为一张纸。

纸的发明是中国在人类文化的传播和发展上所做出的一项十分宝贵的贡献，是中国史上的一项重大的成就，对中国历史产生了重要的影响。造纸术推广到了全世界，对于世界科学、文化的传播产生深刻的影响，对于世界的进步和发展起着重大作用。中国科学院汪前进教授指出：“中国人发明的造纸术不仅促进了自身文化、教育和科技的发展，同时通过丝绸之路传播到世界各地，对人类文明的发展尤其是近代化起到巨大的促进作用。”

二、印刷术

隋唐时，出现了雕版印刷。雕版印刷是在木板上雕刻好要印刷的字，用一把刷子蘸一下墨，在雕好的板上刷一下，接着，用白纸覆盖在木板上，另外拿一把干净的刷子在纸背上轻轻刷一下，把纸拿下来，一页书就印好了。868年印制的《金刚经》是世界上现存最早的雕版印刷品。雕版印刷对文化的传播起到了重大作用，但是也存在明显缺点：首先，雕刻的模板只能用于印刷一页的内容，这样印刷不同的页面就要雕刻很多木板，花费大量人力物力。其次，雕刻出来的大量木板不容易存放。最后，如果雕刻好的木板上有错字，难以更正。

北宋时期，毕昇发明了活字印刷术。活字印刷的方法是先制成单字的字模，再按照稿件把单字挑选出来，排列在字盘内，涂墨印刷，印完后再将字模拆出，留待下次排印时再次使用。一方面，活字印刷术解决了雕版印刷的浪费问题，活字可以重复使用，不用专门为一本书籍制作一块印版；另一方面，活字印刷缩减了制版的时间，每有一种新的书籍需要印刷，不需要浪费时间重新雕刻木板，只需把需要的字找出来，拼成印版即可。活字印刷术传播到朝鲜、日本、埃及、欧洲等国家和地区，不仅促进了中国古代文化的繁荣，更是促进了世界各族文化的繁荣与交流。

此外，中国在宋元时期就有套色印刷技术。山西应县木塔内发现的辽代的红、黄、蓝三色佛像版画，是目前发现的中国最早的雕版彩色套印印刷品。

三、火药

中国在春秋时期就已出现火药，用于人们的日常生活之中。中国古代炼丹师在炼丹的时候，因为丹药起火，发现硫、硝、碳混合点火会发生激烈的反应，火药由此诞生。唐朝中期的书籍记载了制成火药的方法。唐末，火药运用于军事。南宋时，发明了“突火枪”。火药在13世纪传入阿拉伯和欧洲。火药的发明和传播，改变了中世纪的战争模式，是军事上划时代的一件大事，对人类社会的文明进步，对经济和科学文化的发展起到了重要的推动作用。

四、指南针

中国古代劳动人民在长期的实践中，积累了关于磁石和磁性的知识。战国时人们运用磁针指南特性，制作出指示方向的仪器“司南”，这就是早期的指南针，它主要是由一根装在磁盘上的构成，磁针在天然地磁场的作用下可以自由转动并保持在磁子午线的切线方向上，磁针的南极指向地球的南极（磁场北极），这样就可以帮助人们辨别方向。

北宋时期，指南针运用于航海。13世纪，指南针传入阿拉伯和欧洲。指南针的发明和传播，为欧洲航海家探索新航路提供了重要条件，推动了人类文明的发展与进步。

思　考

请讲一讲中国古代四大发明的发明过程以及深远影响。

第二章 中国现代技术

第一节 信息技术

想一想

1. 你知道中国的量子计算原型机“九章”和超导量子计算原型机“祖冲之号”名字的由来吗?

2. 你了解5G吗?

3. 你了解人工智能吗?

一、超级计算机

超级计算机（high performance computer）是一种超大型电子计算机，计算能力和处理数据的能力非常强大，容量也超级大，而且运算速度极快，甚至可以达到每秒万亿次以上。

1. 中国的超级计算机

（1）“银河”系列巨型计算机

中国研发出“银河”系列巨型计算机，“银河”系列是中国向超级计算机强国目标迈进的第一步。1983年12月，“银河-Ⅰ”研制成功，这是中国研制成功的第一台运算速度达到每秒亿次的巨型计算机，标志着中国正式进入超算领域。此后，“银河”系列巨型计算机相继问世——1992年“银河-Ⅱ”（运算速度达到每秒十亿次）、1997年“银河-Ⅲ”（运算速度达到每秒百亿次）、2000年“银河-Ⅳ”（运算速度达到每秒万亿次）。至此，继美国、日本之后，中国成为世界上第三个能独立设计并研制超级计算机的国家。

（2）“天河”系列超级计算机

2008年，中国科学家开始了“天河一号”超级计算机的研发工作。2009年9月，一期系统（TH-1）研制成功。2010年8月，二期系统（TH-1A）在国家超级计算天津中心升级完成，中国成为了世界上第二个成功研制出千万亿次计算机的国家。“天河一号”是中国自主研制的首台千兆次超级计算机，在2010年国际TOP500组织公布的全球超级计算机500强排行榜中，排名全球第一，在2012年国际超级计算机组织公布的全球超级计算机500强中，排名全球第五。从2013年到2015年11月，“天河二号”连续六次位居世界超算500强榜首，实现“六连冠”。2018年，中国自主研制出“天河三号E级原型机系统”，“天河三号”（Tianhe-3）是中国新一代百亿亿次超级计算机。

“天河一号”在中国诸多产业领域起到支柱性作用，提供了核心竞争力。

国家超级计算长沙中心副主任彭绍亮这样评价“天河”系列超级计算机：“表面平静，可在数据和程序构建的数字世界里，正千军浩荡、万马奔腾，可谓‘于无声处听惊雷’。”

（3）“神威”系列超级计算机

“神威·太湖之光”超级计算机是由中国国家并行计算机工程技术研究中心研制、安装在国家超级计算无锡中心的超级计算机。2016年6月，“神威·太湖之光”在德国法兰克福国际超算大会（ISC）公布的全球超级计算机TOP500榜单中夺得榜首，并于同年11月荣获“戈登·贝尔奖”，该奖是国际高性能计算应用领域最高奖，被誉为“超级计算应用领域的诺贝尔奖”。2020年7月，中国科学技术大学运用超级计算机“神威·太湖之光”，首次实现千万核心并行第一性原理计算模拟。2022年，中国的“神威·太湖之光”在全球超级计算机500强排名中，位列前十。

（4）“祖冲之号”“九章二号”超量子计算机

2020年12月，中国科学技术大学潘建伟团队成功构建76个光子的量子计算原型机“九章”，这一突破性成就使中国成为全球第二个实现“量子优越性”的国家。2021年5月，中国科学家成功研发出超导量子计算原型机“祖冲之号”，打破了量子计算机最大量子比特数的世界纪录。同年10月，该原型机升级为“祖冲之二号”。也在2021年10月，中国科大、中科院上海微系统与信息技术所等构建了113个光子144模式的量子计算原型机——“九章二号”。

近年来，中国在量子科技领域取得了诸多世界级成就，而中国科学家正在进一步提高量子计算机的性能和功效。在不久的将来，量子计算机将在物理和化学仿真、分子模拟构建、人工智能等方面发挥重要作用。

（5）天河星逸

2023年12月6日，2023年超算创新应用大会上，中国国家超算广州中心发布了新一代国产超级计算系统“天河星逸”，计算速度可以达到每秒620亿亿次。天河星逸采用多项关键技术，在计算能力、网络能力、存储能力以及应用服务能力方面实现了跨越式发展。天河星逸以国产芯片及软件为基础，展示了中国在超级计算机领域的创新能力。

2. 超级计算机的作用

超级计算机，能算天、算地、算人。

——仰望苍穹，超级计算机可以模拟出不同宇宙学模型的演化，帮助人类一窥暗物质的奥秘；可以用“数值风洞”替代传统风洞试验，让火箭、大飞机等航空航天器的气动外形设计周期从一两年缩至短短几天。

——俯瞰大地，超级计算机广泛应用于油气资源勘探、地质勘测、巨型工程建设等方面，比如中国水利水电科学研究院通过“天河”，开展了白鹤滩水电站拱坝坝肩抗震安全研究，为大坝设计提供了科学依据。

——纵览芸芸众生，超级计算机在医学、生物医药、基因测序等众多领域也起着至关重要的作用。

二、5G

5G是指第五代移动通信技术，是一种全新的技术领域。中国是首批5G商用的国家之一。

中国的5G建设速度，全球领先。截至2021年3月底，中国已建成超过115万个5G基站，占全球70%以上，构成了全球规模最大的5G独立组网网络。截至2022年，中国5G基站数量已达到231.2万个。截至2024年3月底，全国累计建成5G基站364.7万个，5G用户普及率超过60%，具备千兆网络服务能力端口达到2456万个。此外，中国在5G技术开发，具有明显优势。根据IPLytics在2023年2月公布的5G专利和标准研究报告，中国5G专利占据全球的1/3，中国企业申报的5G专利占比达到32.97%。可以说，中国引领了世界5G技术、标准、产业和商用的发展进程。

目前，中国正在尝试将5G技术应用于各种领域。在教育领域，5G技术支持建设5G空中课堂、5G虚拟实验室、5G云考场、5G智慧校园等；在医疗领域，5G+急诊急救、远程诊断、健康管理等服务应用正在开发与探索中；在信息消费领域，AR导游、4K/8K直播、沉浸式游戏等将大幅提升消费体验。

在工业生产领域，5G能够推动产业转型升级，推动中国制造业新发展，引发新一轮科技革命，促进数字中国建设。中国正在努力探索“5G＋工业互联网”建设，推动制造业数字化转型。2019年，工业和信息化部印发《“5G+工业互联网”512工程推进方案》，提出突破一批面向工业互联网特定需求的5G关键技术，打造5个产业公共服务平台，加快垂直领域“5G+工业互联网”的先导应用，内网建设改造覆盖10个重点行业，形成至少二十大典型工业应用场景等。《“十四五”信息通信行业发展规划》制定了5G发展的目标——“到2025年，基本建成高速泛在、集成互联、智能绿色、安全可靠的新型数字基础设施体系，为支撑制造强国、网络强国、数字中国建设夯实发展基础。”中国计划建成覆盖各地区、各行业的高质量工业互联网网络，打造一批“5G+工业互联网”标杆。

中国已经建成全球规模最大的光纤和移动宽带网络，这为5G网络的建设打下坚实基础。中国计划建成全球规模最大的5G独立组网网络，实现城市和乡镇全面覆盖、行政村基本覆盖、重点应用场景深度覆盖。

中国工业和信息化部表示，在行业应用方面，5G应用已经融入到97个国民经济大类中的74个，在工业、矿业、电力、医疗等重点领域规模推广，“5G+工业互联网”项目数超过1万个，应用赋能向核心控制环节加速拓展。在个人应用方面，生成式人工智能在聊天机器人、智能搜索、文本生成等应用中也在广泛推广普及。

中国正在加快推进5G轻量化技术演进和应用创新。中国工业和信息化表示到2025年，5G RedCap产业综合能力显著提升，标准持续演进，应用规模持续增长。全国县级以上城市实现5G RedCap规模覆盖。5G RedCap在工业、能源、物流、车联网、公共安全、智慧城市等领域的应用场景更加丰富。

目前，中国在积极探索6G技术，并已经取得了一些技术进展。在未来，中国将会大力推进6G技术的研发和应用。

三、云计算

在技术日新月异的今天，云计算进入快速增长期，并将会在未来经济社会发展中发挥至关重要的作用。

最初，中国的云计算市场规模只有十几亿元，目前已经增长到千亿元规模，增长速度举世瞩目。在云厂商方面，中国云厂商阿里云成为全球第三云厂商。此外，腾讯云、华为云等云厂商也表现得很亮眼。“中国云”正为全球客户提供数字服务。在云产品和平台方面，华为推出Stack（HCS）全栈云，中兴通讯推出了多云管理和混合云管理平台。在云技术研究方面，中国成立了中国云发展产业联盟（CCDUN）（简称“中云联”），整合现有云计算、物联网、移动互联网等领域的研发资源，引进国外领先的云计算研究与应用成果，探索中国云计算的最新发展，促进云计算在中国的快速发展。

四、人工智能

20世纪70年代末，中国才开始研究人工智能，研究起步相对较晚。

1981年，中国人工智能学会（CAAI）成立。1986年，中国开始实施“国家高技术研究发展计划”，有力地促进了中国高技术及其产业发展。1993年，中国将智能自动化和智能控制等项目列入国家科技攀登计划，人工智能研究开始进入稳定发展阶段。2006年，计算机浪潮天梭战胜了五名特级象棋大师，这是中国人工智能在人机博弈领域取得的重要成果。2016年，中国发布了《“互联网+”人工智能三年行动的实施方案》，旨在全面提升人工智能的集群式创新创业能力，推动智能家居、智能汽车、智能无人系统、智能安防、智能终端和智能可穿戴设备等智能产业快速发展。

中国人工智能产业不断突破技术难点，提升创新能力，在着重发展高端产品的同时，兼顾低端产品的开发，总发展目标是建设人工智能数字化社会。目前，中国人工智能产业在技术创新、产业生态、融合应用等方面的成就举世瞩目，已进入全球第一梯队。人工智能技术已经渗透到中国社会的各个领域，使得人们的生活越来越数字化、信息化、网络化、智能化。将人工智能应用于人民生活，催生出“人工智能+教育”“人工智能+医疗”“人工智能+健康”“互联网+智慧养老”，助力解决教育、医疗、养老等民生问题。

人工智能技术与大数据技术结合，能够将采集到的各种数据输送至“云端”，进而借助数据分析，系统地解决与人民生活密切相关的教育、医疗、养老等问题，提升公共服务质量和人民群众的生活水平。

此外，人工智能在环境保护方面也有着重要作用。在资源开发、利用和保护方面，人工智能能够有效避免资源的过度消耗和浪费，开创绿色经济，推动社会可持续发展；在环境治理方面，人工智能赋能社会治理，为社会管理提供了更多更有效的手段，极大提升了治理效率。此外，将人工智能技术与大数据、云计算等技术相结合，能够及时采集环境信息，及时追踪环境的变化情况。环境数据的实时采集与记录，能够预测有可能发生的环境风险，做出科学有效的评估，并为环境治理政策和措施的制定提供依据，推动环境治理的智能化发展。

2024年，《中国AIGC应用全景报告》发布，指出今年中国AIGC（生成式人工智能）应用市场规模将达200亿元，2030年达万亿规模，2024年到2028年的年平均复合增长率将超30%。

思 考

1. 请讲一讲中国在超级计算机领域的成就。
2. 请讲一讲中国在5G领域的成就。
3. 请讲一讲中国在云计算领域的成就。
4. 请讲一讲中国在人工智能领域的成就。

第二节 铁路技术

想一想

1. 你乘坐过中国的高铁吗?
2. 你知道中国有一条神奇的“天路”吗?
3. 你知道中国的北斗导航系统名字的由来吗?

进入新时代，中国交通驶入高质量发展的快车道，基础设施建设日新月异，运输服务能力、品质和效率大幅提升，科技支撑更加有力，人民出行更加便捷，货物运输更加高效，中国正在从交通大国向交通强国迈进。

新中国成立后，铁路人听从党的召唤，在热火朝天的建设年代逢山开路、遇水架桥，在波澜壮阔的改革开放新时期自力更生、奋发图强，一步一个脚印把铁路事业推向前进。中国特色社会主义进入新时代，在以习近平同志为核心的党中央坚强领导下，中国国家铁路集团有限公司筑梦现代化，共绘新图景，加快构建铁路“六个现代化体系”，推动铁路事业发展取得了历史性成就、发生了历史性变革。截至2024年9月14日，中国铁路营业里程突破16万km，其中高速铁路营业里程超过4.6万km。

从2012年的9 356 km到2024年的4.6万km，全国高铁营业里程高速增长，稳居世界第一位，“四纵四横”高铁网已经建成，“八纵八横”高铁网正加密成型……2012年以来，铁路建设发展日新月异，中国高铁一次次惊艳世界。

一、高铁

1. 自主创新的成功范例

中国已成功建设了世界上规模最大、现代化水平最高的高速铁路网。特别是2012年以来，中国高铁发展进入快车道，年均投产3 500 km，发展速度之快、质量之高令世界惊叹。

（1）运营里程世界最长。到2024年9月14日，中国高铁营业里程超过4.6万km，占世界高铁总里程的2/3以上。

（2）商业运营速度世界最快。目前，在京沪高铁、京津城际铁路、京张高铁、成渝高铁、京广高铁京武段近3200 km的线路上，复兴号常态化按时速350 km运营。中国成为世界上唯一实现高铁时速350 km商业运营的国家，树起了世界高铁商业化运营标杆，以最直观的方式向世界展示了“中国速度”。

（3）运营网络通达水平世界最高。从林海雪原到江南水乡，从大漠戈壁到东海之滨，中国高铁跨越大江大河，穿越崇山峻岭，通达四面八方，全国99%的20万人口以上城市实现铁路网覆盖，全国94.9%的50万人口以上城市实现高铁覆盖。

2012年以来，中国铁路发展坚定不移走自主创新之路，持续提升科技自立自强能力，形成了具有自主知识产权的世界先进高铁技术体系。目前，中国已形成涵盖高铁工程建设、装备制造、运营管理三大领域的成套高铁技术体系，高铁技术水平总体进入世界先进行列，部分领域达到世界领先水平。

2. 追赶到领跑的关键一步

回望中国高铁发展进程，中国标准动车组的研制成功是一座重要里程碑。

2012年，中国标准动车组研发工作启动。铁路部门强化创新主体和领军作用，充分利用巨大的市场优势，产学研用相结合、全面攻关，创新开展了大量科研试验工作，实现了关键技术和部件的重要突破，完成了总体技术条件制订及方案设计评审。样车正式下线后，又经过了60万km不同条件下的运行考核。

2016年夏天，在郑徐高铁民权特大桥上，两列中国标准动车组试验车分别以时速420 km相向而行，交会时间不到2 s。

2017年6月26日，两列复兴号动车组率先从京沪高铁两端的北京南站和上海虹桥站双向首发，宣告中国铁路技术装备水平进入一个崭新时代；9月21日，复兴号动车组在京沪高铁实现时速350 km商业运营，中国为世界高速铁路商业运营树立了新标杆。

值得一提的是，复兴号采用正向设计，在采用的254项重要标准中，中国标准占84%，其中整体设计和关键技术全部自主研发，具有完全自主知识产权。

实施350 km/h、250 km/h、160 km/h等不同速度等级，拥有8辆短编、16辆长编、17辆超长编组等不同编组形式，运用动力集中和动力分散等不同动力牵引模式——如今，复兴号家族不断壮大，已形成系列化产品，能够适应高原、高寒、湿热、风沙等多种运行环境需求。

高铁是中国自主创新的一个成功范例，也是新质生产力的重要体现。2021年以来，中国高铁在领跑世界的同时，不断研发新技术，研制新产品。由中国国家铁路集团有限公司牵头实施的CR450科技创新工程目前正全面推进。CR450科技创新工程主要包括CR450动车组和时速400公里高铁线路、桥梁、隧道等基础设施创新技术，是努力实现高铁更高速度商业运营的关键举措，有利于促进高铁高质量发展。

中国高铁从无到有、从追赶到领跑，走的是自主创新的道路。CR450科技创新工程将会进一步扩大中国高铁技术在世界领先的优势，也将更好地服务社会发展。

3. 中国高铁的数智化

在全球数智化浪潮的推动下，中国铁路正以前所未有的速度向智能化、数字化转型。作为中国交通领域的璀璨明珠，高速列车不仅在运营速度上屡创新高，更在技术创新、服务质量和环境友好等方面展现出强大实力。随着“复兴号”系列列车的不断升级，中国高铁不仅改变了人们的出行方式，还对经济、社会和环境产生了积极的影响。

依托大数据和人工智能技术的不断发展，中国高铁通过挖掘和分析列车运行、设备维护、客运管理等领域的海量数据，建立安全风险评估模型、优化列车调度计划，实时监测列车的运行状态、速度、位置等关键信息，并根据路况和运行计划进行精准调度和控制。这有助于减少列车之间的间隔，提高线路的运输能力，从而更好地满足人们日益增长的出行需求。同时，数智化技术能够及时发现车辆潜在的安全隐患，提前预警并采取相应的措施，保障了乘客的生命财产安全。

从经济角度来看，高速列车数智化有力地推动了区域经济的发展。高效、便捷的交通网络能够促进人员、物资和信息的快速流动，加强城市之间的经济联系和合作，使高速列车的运营成本降低，提高了铁路运输的竞争力，吸引更多的企业选择铁路运输，从而带动相关产业的发展，创造更多的就业机会。此外，它还能够促进旅游业的繁荣，吸引游客，拉动消费，为经济增长注入新的活力。

智能化不单是高速列车运行的特点，更贯穿于其运维和服务过程中。新型“复兴号”智能动车组不仅具备自动驾驶功能，还融合了动力电池及辅助驾驶技术。其首次采用北斗卫星导航系统和千兆以太网，优化了车上互联网设施，提升列车的运行安全性和效率，为旅客提供了更加便捷、舒适的服务体验。

在推动数智化转型的同时，铁路部门也积极践行绿色低碳的发展理念。通过采用新型材料和轻量化设计、优化能源使用效率等措施，不断降低列车运行对环境的影响。高效的运行调度和能源管理系统能够优化列车的能耗，减少能源浪费，有助于缓解交通领域的能源压力和环境污染问题，为实现绿色出行和可持续发展目标作出贡献。

高速列车数智化是现代交通运输发展的必然趋势，也是推动经济增长、社会进步和环境保护的有力手段。随着技术的不断进步和应用的不断拓展，高速列车数智化将带我们驶向更加美好的未来。

二、青藏铁路

清晨我站在青青的牧场
看到神鹰披着那霞光
像一片祥云飞过蓝天
为藏家儿女带来吉祥
黄昏我站在高高的山岗
盼望铁路修到我家乡
一条条巨龙翻山越岭
为雪域高原送来安康
那是一条神奇的天路
把人间的温暖送到边疆
从此山不再高路不再漫长
各族儿女欢聚一堂
黄昏我站在高高的山岗
看那铁路修到我家乡
一条条巨龙翻山越岭
为雪域高原送来安康
那是一条神奇的天路
带我们走进人间天堂
青稞酒酥油茶会更加香甜
幸福的歌声传遍四方
那是一条神奇的天路
带我们走进人间天堂
青稞酒酥油茶会更加香甜
幸福的歌声传遍四方
幸福的歌声传遍四方

——歌词《天路》

青藏铁路是一条连接青海省西宁市和西藏自治区拉萨市的铁路，是中国新世纪四大工程之一，是通往西藏腹地的第一条铁路，也是世界上海拔最高、线路最长的高原铁路，是人类铁路建设史上前所未有的伟大壮举。首先，青海、西藏位于世界屋脊，海拔高，空气稀薄，气候恶劣，常年积雪，这里也因此被称为“地球第三极”。在这样极端的条件下开展铁路修建工作，有极大难度。而且，青藏高原地质、地形、地貌十分复杂，有戈壁、盐湖、沼泽等，还有连绵不断的雪域高山，火车要穿越如此复杂的地形，这对列车、铁路都是极大的考验。此外，青藏高原地区生态环境复杂而脆弱，铁路建设工程需要保护当地生态系统。最后，青藏高原铁路工程需要攻克一个极大的难关——多年冻土。由于高原气温低，土壤中常年有冰，这就是冻土。温度的升降会导致冰的融化和冻结，冻土的体积就会变化，也就是说，土壤的状态会变化。有人说，在青藏高原上修铁路，就是在流动的大地上修铁路。高寒缺氧、生态脆弱、多年冻土，这是三个世界性的工程技术难题。

新中国成立后，决心在世界上海拔最高的地方修建铁路，让火车穿越昆仑山，通到拉萨。1958年，青藏铁路一期工程正式启动，建设者们排除万难，终于在1984年把铁路从青海西宁修到了格尔木。在一期工程累积的经验之上，青藏铁路二期工程格尔木至拉萨段于2001年破土动工。在全国人民的大力支持下，13万名建设者耗费五年时间，关关难过关关过，步步难行步步行，事事难成事事成，终于在2006年，实现了青藏铁路全线贯通。

青藏铁路修建于海拔4000多米的高原之上，被称为“天路”，不仅仅因为其海拔高，更是因为其工程难度难于上青天，创造了世界铁路建设史上的奇迹：海拔4000 m以上路段共960 km；铁路翻越唐古拉山，最高点达到海拔5 072 m；青藏铁路全段修建了无数桥梁、涵洞和隧道；清水河大桥全长11.7 km，是世界上最长的高原冻土铁路桥；羊八井一号隧道全长3345 m，是中国海拔4000 m以上最长的隧道；路基土石方高达7000多万立方米；列车在冻土区段可以保持100 km/h的速度，这是世界冻土铁路列车运行的最高速度……青藏铁路的奇迹是全中国人民众志成城、铁路工作者无私奉献的结果。

青藏铁路不仅完美攻克了三大技术难关，还在舒适度和现代化方面再创新高。首先，列车配备弥散式和集中式供氧系统、自动调压式车窗，解决高原缺氧不适问题，保障旅客旅行舒适度。此外，青藏铁路通过现代监控手段，保证运行安全。铁路全线装有近3 000个摄像头、52个大风监测点，自动实时上传信息，全面及时的信息能够保证调度员及时采取相应措施；针对降雪高寒带来的安全隐患，铁路设有道岔融雪装置，能够自动检测降雪和温度情况，并且能够远程控制加热融雪。不仅如此，青藏铁路还正在努力通过技术手段提升运行和管理效率，降低运营成本。铁路全段努力实现全方位电气化，以及运输管理信息化、自动化和智能化，增加无人看守车站。最后，列车在持续努力提升运速、运能和运量，为高原发展开辟道路。

青藏铁路的开通，促进了雪域高原的繁荣昌盛，极大地提升了高原人民的生活水平。青稞啤酒、高原矿泉水、牦牛奶产品、民族手工艺品等西藏特色产品，通过青藏铁路走向更加广阔的市场。青藏铁路运输速度快、成本低，为高原经济发展提供了有力的保障。一位叫拉姆的藏族老阿妈意味深长地说："青藏铁路是共产党为我们藏族人民修的天路！多少年来，西藏人民一直渴望能有一条通往远方的路。这条路可以带我们走出贫穷，走出落后，走向富裕，走向北京。"

青藏铁路不仅造福了高原人民，还保护了当地自然环境。铁路设计师们特意在铁路全段设置多处野生动物迁徙通道，确保铁路的修建不会影响当地生态。现在，天路之上，火车桥上行，动物桥下跑，技术与自然共存，人与动物和谐共处。

今天，这条奔驰于世界屋脊的神奇之路还在以越来越快的速度不断刷新着高原铁路运行的世界纪录，为高原人民带来福音，创造更多奇迹……

思　考

1. 请讲一讲中国在高铁建设方面的成就。
2. 请讲一讲中国在青藏铁路建设中克服了哪些困难，取得了哪些成就。

第三节　航天技术

想一想

1. 你知道"嫦娥奔月""祝融取火""羲和浴日"的故事吗？
2. 你认为未来人类在太空探索中将进行哪些尝试？

中国自古就有许多关于探索宇宙的故事，如嫦娥奔月、夸父逐日等。今天，中国航天人用举世瞩目的成就，致敬古人的宇宙情怀和探索精神——"嫦娥"奔月、"祝融"探火、"羲和"逐日、"天和"遨游太空、神舟飞天……

一、中国航天事业发展历程

遨游九天，追梦星辰，是人类共同的夙愿。中国航天人承载着中国人几千年来的宇宙梦想，用坚实的努力，披荆斩棘，攻克一个又一个技术难关，实现了中国航天的从无到有，实现了中国航天事业的腾飞。

1970年4月24日，中国第一颗人造地球卫星"东方红一号"在甘肃酒泉发射成功。后来，4月24日被设为"中国航天日"。随着"东方红一号"升空入轨的是一首《东方红》乐曲，这是宇宙第一次听到中国声音，也是中国航空航天事业拉开壮丽篇章的序曲。

1975年，中国首颗返回式卫星发射成功，标志着中国成为世界上第三个掌握返回式卫星技术的国家。这为后来“嫦娥五号”从月球带回月壤积攒了技术经验。

1992年9月21日，中国确定了载人航天“三步走”的发展战略：第一步，发射载人飞船，建成初步配套的试验性载人飞船工程，开展空间应用实验；第二步，突破航天员出舱活动技术、空间飞行器交会对接技术，发射空间实验室，解决有一定规模的、短期有人照料的空间应用问题；第三步，建造空间站，解决有较大规模的、长期有人照料的空间应用问题。

1999年，中国第一艘无人试验飞船“神舟一号”飞船在酒泉卫星发射场成功发射，这是中国载人航天工程的第一艘无人试验飞船。该飞船经过21小时飞行，圆满完成空间科学实验任务后，成功着陆。

2003年，“神舟五号”发射成功，航天员杨利伟及一面中国国旗搭载“神舟五号”进入太空。这是中国载人航天工程发射的第五艘飞船，也是中国发射的第一艘载人航天飞船。

2005年，“神舟六号”发射成功，将两名航天员同时送上太空，完成了中国第二次载人航天飞行任务。

2007年，中国第一颗绕月人造卫星“嫦娥一号”发射，完成了首次绕月探测任务。该卫星是以中国古代神话人物“嫦娥”命名的。

2008年，“神舟七号”发射成功，中国成为世界第三个独立掌握空间出舱活动关键技术的国家。

2010年，中国探月计划中的第二颗绕月人造卫星“嫦娥二号”发射，“嫦娥二号”也是中国探月工程二期的技术先导星。

2011年，中国载人航天工程发射第一个目标飞行器“天宫一号”，这是中国第一个空间实验室，也是中国迈入航天“三步走”战略的第二步第二阶段。

2012年，“神舟九号”发射成功，技术上实现手动交会对接控制系统，中国首位女航天员进入太空。

2013年，“神舟十号”发射成功，这是中国载人航天工程发射的第十艘飞船，也是中国的第五次载人航天飞行任务，为工程第二步第一阶段任务画上了圆满的句号，也为后续载人航天空间站的建设奠定了良好的基础。

2013年，“嫦娥三号”任务圆满成功。嫦娥三号首次实现了中国地外天体软着陆任务，实现了探月工程“绕、落、回”三步走的第二步战略目标，这也是中国航天领域技术最复杂、实施难度最大的空间活动之一。中国成为继美国和苏联之后全球第三个实现月球软着陆的国家。

2016年8月16日，中国成功发射世界上首颗量子科学实验卫星“墨子号”，标志着中国在空间科学研究之路上迈出了重要一步。

2017年4月20日，“天舟一号”发射。“天舟一号”是中国自主研制的第一艘货运飞船，是向“天宫二号”进行货物运输的地面后勤保障系统，也是中国载人航天工程“三步走”战略计划中“第二步”的收官之作。天舟一号宣告了中国航天迈进“空间站时代”。

2018年5月21日，“嫦娥四号”月球探测器的中继卫星“鹊桥”发射成功，“鹊桥”中继卫星是中国首颗，也是世界首颗地球轨道外专用中继通信卫星，是地月通信和数据中转站，可以把嫦娥四号探测器发出的科学数据第一时间传回地球。

2018年12月8日，“嫦娥四号”成功发射，这是中国探月工程二期发射的月球探测器，探测器于2019年1月3日10时26分自主着陆在月球背面，南极-艾特肯盆地内的冯·卡门撞击坑内，“玉兔二号”月球车则于22时22分到达月面开始巡视探测。该次任务实现了人类首次月球背面软着陆和巡视勘察。

2020年5月5日，“长征五号”B运载火箭圆满完成首飞任务，“长征五号”B运载火箭是专门为中国载人航天工程空间站建设而研制的新型运载火箭，为中国载人航天工程“第三步”任务拉开序幕。

2020年7月23日，执行中国首次火星探测任务的探测器“天问一号”发射升空。2021年6月27日，国家航天局发布中国“天问一号”火星探测任务着陆和巡视探测系列实拍影像。

2020年11月24日，“长征五号”遥五运载火箭发射升空，将“嫦娥五号”探测器送入地月转移轨道，标志着中国运载火箭实现升级换代，是中国由航天大国迈向航天强国的关键一步，使中国运载火箭低轨和高轨的运载能力均跃升至世界第二。

2020年12月2日，“嫦娥五号”完成月面自动采样封装。12月17日，“嫦娥五号”返回器携带月球样品着陆中国内蒙古四子王旗。“嫦娥五号”是中国首个实施无人月面取样返回的月球探测器，为中国探月工程的收官之作，标志着中国探月工程“绕、落、回”三步走圆满收官。“嫦娥五号”任务是中国探月工程的第六次任务，也是中国航天最复杂、难度最大的任务之一，实现了中国首次月球无人采样返回。

2021年4月29日，中国空间站天和核心舱成功发射升空，并先后与天舟二号和三号货运飞船、神舟十二号和十三号载人飞船对接。6名中国航天员先后入驻，标志着中国航天正式进入空间站时代。

2021年5月15日，“天问一号”火星探测器所携带的“祝融号”火星车及其着陆组合体，成功降落在火星，实现了中国航天史上的又一大突破：“天问一号”是中国首颗人造火星卫星，“祝融号”是中国首个火星巡视器（火星车），而“祝融”这个名字则源于中国古老神话中“火神”的名称。

2021年10月14日，中国成功发射首颗太阳探测科学技术试验卫星“羲和号”，这标志着中国航空开始进入探日阶段。

2022年，中国航天全年实施发射任务超过60次，再度刷新中国航天全年发射次数纪录。

2022年10月31日，“长征五号”B遥四运载火箭搭载着梦天实验舱成功升空。梦天实验舱是中国空间站的第三个舱段。该舱入轨后，天和核心舱、问天实验舱、梦天实验舱三舱将形成“T”字基本构型，国家太空实验室将全面竣工。这是中国载人航天“三步走”发展战略的重要一步。

2023年4月24日，中国首次公布火星探测火星全球彩色影像图。影像图空间分辨率为76米，为火星探测工程和火星科研工作提供了良好的基础。

2023年7月，中国公布载人登月初步方案。中国正在研制“长征十号”运载火箭、新一代载人飞船、月面着陆器、登月服、载人月球车等装备，并计划于2030年前实现载人登陆月球。

2023年12月10日，“长征二号”丁运载火箭将遥感三十九号卫星送入预定轨道，中国长征系列运载火箭实现第500次发射。

2024年1月5日，“快舟一号”甲运载火箭成功发射一箭4星。

2024年10月，中国预计将发射“神舟十九号”载人飞船，中国空间站将上演两次在轨“换班”，6名航天员将陆续进驻空间站。

二、中国航天精神

中国航天，逐梦太空，问鼎苍穹。星辰大海，永不止步。

1.“两弹一星”精神

“两弹一星”指的是什么？“两弹一星”指的是原子弹、导弹以及人造卫星。1964年10月16日，中国第一颗原子弹爆炸成功。1966年10月27日，中国第一颗装有核弹头的地地导弹飞行爆炸成功。1967年6月17日，中国第一颗氢弹空爆试验成功。1970年4月24日，中国第一颗人造地球卫星发射成功。

“两弹一星”是新中国建国初期取得的举世瞩目的成就。参与“两弹一星”的许多科学家放弃了国外的优渥条件，克服万难回到祖国，他们将个人理想融入祖国建设，在一穷二白的情况下，白手起家，排除重重阻碍，用一腔热血和赤子之心为新中国航空航天和国防事业做出卓越贡献，他们的名字已经成为中国科学史上闪耀的星辰。中国航天人在创造“两弹一星”伟业的过程中，形成了“热爱祖国、无私奉献，自力更生、艰苦奋斗，大力协同、勇于登攀”的“两弹一星”精神。

2. 载人航天精神

2003年，中国航天员杨利伟搭乘神舟五号载人飞船进入太空。2008年，航天员翟志刚实现第一次出舱行走。2016年，神舟十一号乘组航天员景海鹏、陈冬进行了33天太空飞行，实现了中国航天第一次中期驻留。2021年，航天员聂海胜、刘伯明和汤洪波第一次进驻中国空间站。2021年10月至2022年4月，神舟十三号飞行乘组航天员翟志刚、王亚平、叶光富在中国空间站组合体工作生活了183天，刷新了中国航天员单次飞行任务太空驻留时间的纪录。2023年10月26日，搭载神舟十七号载人飞船的长征二号F遥十七运载火箭发射成功。2023年10月31日，神舟十六号载人飞船返回舱成功着陆。2024年4月25日，成功发射了神舟十八号载人飞船。神舟十八号载人飞行任务主要目的是：与神舟十七号乘组完成在轨轮换，在空间站驻留约6个月，开展空间科学与应用实（试）验，实施航天员出舱活动及货物进出舱，进行空间站空间碎片防护装置安装、舱外载荷和舱外设备安装与回收等任务，开展科普教育和公益活动，以及空间搭载试验，将进一步提升空间站运行效率，持续发挥综合应用效益。

一代一代航天人继承“两弹一星”精神，攻克一个又一个技术难关，投身于航空航天事业，创造了中国航天一个又一个奇迹，形成了“特别能吃苦、特别能战斗、特别能攻关、特别能奉献”的载人航天精神。

3. 探月精神

中国自古就有“嫦娥奔月”的传说，更有许许多多咏月的诗词，“月”承载了中国人无尽的遐想和向往。

2004年，中国正式开展月球探测工程，并命名为“嫦娥工程”。嫦娥工程分为“无人月球探测”、“载人登月”和“建立月球基地”三个阶段。2007年，“嫦娥一号”卫星在西昌卫星发射中心成功发射。2010年，“嫦娥二号”获得当时国际最高7米分辨率全月影像图。2013年，“嫦娥三号”成功落月并开展月面巡视勘察，实现中国首次对地外天体的软着陆直接探测。2019年，“嫦娥四号”首次实现人类航天器在月球背面软着陆和巡视探测，实现月球背面与地球的中继通信。2020年12月4日，国家航天局公布探月工程“嫦娥五号”探测器在月球表面展示国旗的照片。2020年，“嫦娥五号”首次实现中国地外天体采样返回。2023年5月，中国载人月球探测工程登月阶段任务启动实施，计划在2030年前实现中国人首次登陆月球。2024年2月，中国载人月球探测任务新一代载人飞船命名为“梦舟”，月面着陆器命名为“揽月”。梦舟飞船、揽月着陆器和长征十号运载火箭已全面进入初样研制阶段。2024年4月12日，“鹊桥二号”中继星任务取得圆满成功。

探月工程的建设者追梦月球，发挥探索精神，通过精诚合作，让中国千百年的月之梦越来越真实清晰，形成了“追逐梦想、勇于探索、协同攻坚、合作共赢”的中国探月精神。

思　考

1. 请讲一讲中国的航天成就。
2. 请说一说哪一项中国航天成就让你感觉最为震撼。
3. 请讲一讲中国航天精神。

第四节　工程机械技术

想一想

1. 你了解中国基建吗?
2. 你听说过“中国速度”吗?

一、工程机械技术发展历程

1. 创业时期（1949—1960年）

1949年之前，中国仅有为数不多的作坊式修理厂，没有真正意义上的工程制造业，未形成独立的工程制造行业。在第一个和第二个五年计划期间，大量的工程建设项目对工程机械的需求量极大，但是当时的中国机械制造业不能满足需要，因而大部分机械依赖进口，国内只有一些中小企业对机械进行维修，或生产少量机械，交通、铁道等其他工业部门也有自行生产一些机械设备。

2. 行业形成时期（1961—1978年）

1960年12月9日，国务院和中央军委共同决定：由原第一机械工业部，成立工程机械工业局（五局），负责发展全国的工程机械，该机构于1961年 4 月24日正式成立，归口企业20个。这一时期，工程机械行业逐渐形成。首先，国家对工程机械行业进行统一规划建设，成立了全国统一工程机械管理部门，打造独立制造体系；此外，高等学校设立工程机械专业，培养专门型人才；最后，建设研究机构，制定行业统一标准，形成行业交流机制。

3. 全面发展时期（1979—1998年）

为了适应基础建设投资规模不断扩大、外资引进力度不断增强的趋势，中国统合第一机械工业部、建设部、交通部、铁道部、林业部、兵器部和工程兵等部门，组建了全国工程机械大行业规划组，负责统筹协调全行业的投资和企业规划、技术和外资引进等。1985年后，工程机械管理机构经过几次大变革。1998年，国家机械工业局成立，对工程机械行业进行全面的宏观管理。在这一时期，在市场经济蓬勃发展的推动下，工程机械行业发展迅猛，国营和民营工程机械生产企业并存，工程机械制造企业遍及全国各个地区，新产品不断涌现，制造技术不断革新。

4. 快速发展时期（1999—2012年）

1999年到2012年期间，工程机械行业步入快速发展期。中国工程机械行业在全球的地位得以巩固和提升，成为全球工程机械产品产销量最大的国家之一。

新华社在《中国成为全球工程机械产品产销量最大的国家之一》文章中指出："2006年至今，行业销售额年均增速超过20%。与此同时，中国工程机械企业的综合竞争力持续增强，尤其是工程机械行业内的领军企业，已经稳居全球产业第一阵营。"

2010年后，中国工程机械领军企业不断加大海外推进力度，徐工集团、中联重科、三一重工、柳工等企业的全球资源掌控及运用能力不断提升。通过收购、整合国外企业，中国企业在全球尤其是欧美市场迅速搭建起研发、制造、营销平台，完善在全球的业务布局，切入产业最核心区域，全面提高了中国品牌在世界范围的影响力。在大型、超大型、智能化产品与技术上，中国已经接近甚至达到世界最领先水平。

据中国工程机械工业协会秘书长苏子孟介绍，经过多年的发展，中国工程机械行业的核心竞争力，已经实现实质性提高。尤其是国际化竞争力持续提升。中国工程机械企业产品出口规模、金额不断增长。

5. 稳定发展期（2012年至今）

经过之前几十年的发展积淀和经验积累，随着中国经济结构的调整，社会经济发展繁荣，"一带一路"倡议的推进以及全球化发展趋势的到来，中国工程机械业迎来了新的发展机遇，稳中求进，在追求速度的同时，注重发展质量，推进全行业的结构升级。

二、工程机械技术发展成就

1. 销售量及产量跃居世界首位

2003年，全行业年销售额首破千亿元；2007年，全行业销量达到全球第一；2009年，销售收入跃居世界首位；2020年，全行业年销售收入突破7600亿元人民币，包括挖掘机、起重机、装载机、叉车、混凝土机械、压路机、推土机、盾构机等一大批工程机械产品产量跃居世界首位；2022年，在"2022全球工程机械制造商50强"榜单中，12家中国制造商榜上有名，总销售额达578.81亿美元，占总榜份额的26.15%，全球第一。

2. 品类最齐全，产业链最完整

中国拥有全球最大的工程机械市场，工程机械门类最全、品种最丰富、产业链最完整。中国已经成为工程机械产品类别、品种最齐全的国家之一，且产业链数字化、智能化、绿色化程度不断增强，打造了一批中国名牌产品、中国驰名商标和世界前列企业。此外，产品、材料、技术、工艺不断迭代，推动整个产业链不断创新。越来越多的中国产品在国际市场得到广泛应用和认可，质量与创新度居世界前列，如徐工2600吨级全地面起重机、中联重科12000吨米塔式起重机、三一重工双轮铣槽机和旋挖钻机、柳工机械国四挖掘机和电动装载机，以及铁建重工与中铁二十二局联合打造的超大直径泥水平衡盾构机等。

3. 自主创新成果丰硕，重大机械制造水平国际领先

中国机械制造业自力更生，攻克技术难关，技术水平从跟跑、并跑到领跑。中国出台了一系列创新推动政策，构建了系统的行业技术创新体系，打造了一批国家级创新中心、国家级企业技术中心、国家重点实验室等创新平台，快速提升了中国工程机械制造能力和创新能力，推动技术攻关，取得了突破性成果，研发出了大量高端工程机械产品，特别是重大技术设备，中国的机械制造技术水平达到了世界先进甚至国际领先。比如，中国自主研发的开天神推土机，据称推力达到了当时的世界第一，10天就可推平一座山，专门应用于矿山开采等领域。此外，全球首台纯电动汽车起重机、全球首创镂空臂架泵车、全球首创5G远程操控塔机、全球首创无人驾驶联合收获机……一系列首创产品持续刷新全球对于中国制造的认知和评价。

4. 国际化步伐加快，全球化服务能力大幅度增强

中国许多自主知名品牌国际化程度不断增强，全球化制造和服务的能力不断提高，成为工程机械行业的重要力量。就出口地来说，共建“一带一路”国家尤其是东南亚地区，仍然是中国工程机械的主要出口地。2020年中国工程机械企业对共建“一带一路”国家出口额为89.73亿美元，占出口总额的比重为42.79%，出口产品以各类整机为主。2021年上半年，国内工程机械企业对上述国家出口额为66.74亿美元，占比升至44.28%。

5. 为抢险救援贡献力量

中国机械制造行业不仅是中国社会建设和经济发展的中坚力量，在抗击灾害、抢险救援方面也展现出高度的社会责任感，为社会提供了技术、设备和资金支持。据不完全统计，仅在汶川地震抢险救灾中，中国机械制造行业向灾区捐赠设备和现金共计2.8亿元，包括各种设备约700台。许多企业在第一时间派出救援队伍和设备，驰援灾区。

三、工程建设的中国速度

2017年6月，江西南昌有一座老式立交桥需要被拆除，全桥长589 m，宽16 m，双向4车道，最高处达7.6 m。你认为拆除这样一座桥需要多长时间？

中国的回答：8个小时。中国工程队出动200多台挖掘机，让这座桥一夜消失。施工结束后，8小时内拆除立交桥的视频火爆全球，“中国速度”震惊世界。然而，中国速度神奇不仅于此。

什么是中国速度？是中国基建，逢山开路，遇水架桥；是中国航天，直上九天，揽星摘月；是中国高铁，一日千里，驰骋天下；是中国通信，智慧高速，领跑全球……

中国速度的背后是中国强大的工业机械制造产业，中国机械制造业助力中国各行各业不断挑战极限，锐意进取，一次又一次地更新中国速度。

思　考

1. 请讲一讲中国工程机械技术的发展成就。
2. 请讲一讲你所了解的“中国速度”。

第五节　材 料 技 术

想一想

1. 你认为金属有可能像液体一样流动吗？
2. 你了解纳米技术吗？

一、液态金属

液态金属是一种新兴功能材料，是一种合金材料，常温或工作状态下为液态，是一种不定型、可流动的金属。液态金属有很多优点，包括液态温区宽、导热率高、导电性好等，而且其制造工艺无须高温冶炼，环保无毒。

中国云南省有一个“中国液态金属谷”，规模化生产液态金属。云南被称为“有色金属王国”，因为这里有丰富的液态金属制造原料储量，其中，铟的储量更是占了全球的80%。

中国液态金属的研发和应用推广方面，在世界居领先地位，中国将液态金属技术应用于电子、能源、制造业以及智能机器等领域，取得了许多重大的突破。中国科学家发现了自驱动液态金属机器原理、过渡态液态金属机器原理、电控下的液态金属多变形效应以及液态金属在石墨表面的自由塑形效应等。中国科学家制造自主运动可变形液态金属机器，液态金属可在吞食少量物质后以可变形机器形态长时间高速运动，实现了无须外部电力的自主运动。此外，中国科学家刘静团队在世界上原创性提出液态金属印刷电子学思想，发明了液态金属手写笔和液态金属打印机，液态金属手写笔能够直接画出电路图，液态金属打印机能够进行3D打印。

液态金属前景广阔，应用范围极广，可应用于工业制造、航空航天、军工国防、生物医疗、教育文化等领域。比如，在医学领域，液态金属在药物递送、肿瘤治疗、血管栓塞治疗、神经损伤治疗等方面有极大的应用前景。2020年7月，云南省曲靖市第一人民医院用液态金属制作成骨科外固定支具（又称“外骨骼”），用于关节粉碎性骨折的治疗，这是液态金属的一次突破性应用实践。液态金属“外骨骼”轻巧坚固、透气便捷，能够根据患处的不同外形进行塑形，贴合度高、舒适透气、穿戴方便，还可以用于肩关节、肘关节、指骨、掌骨、手臂等许多部位。

我们都在科幻电影中看到过液态金属机器人，这种机器人能够根据需要随意塑形，这样的技术看上去似乎遥不可及。但是，随着液态金属材料的研究与发展，未来这样的机器人真的有可能从荧幕走进现实。

二、石墨烯

石墨烯是一种强度大、导电导热性能强的新型纳米材料，被称为“新材料之王”。你知道为什么它能有这样的称号吗？这是因为它是目前已知的世界上最薄、最坚硬、导电性最好的纳米材料，在光学、电学、力学方面，具有卓越的特性，广泛用于电池、半导体器件、显示屏、传感器、电容器、晶体管等的生产与研究，并在化学、材料、物理、生物、环境、能源等众多领域有着广阔的应用前景。

中国科学家经过十年探索研究，在石墨烯材料的性能、应用以及优化方面取得了一系列的研究进展，尤其在石墨烯的质量提升和产业化生产方面，研究成果丰硕。如今，石墨烯产业已经成为各国竞争的新材料领域之一，而中国的石墨烯产业发展程度全球领先。

江苏常州是中国石墨烯产业的领航地，被称为“东方碳谷”。常州诸多石墨烯生产企业创造了全球第一条年产100吨石墨烯粉体生产线、全球第一条年产3万平方米的石墨烯透明导电薄膜生产线，在世界上率先实现石墨烯规模化制备。其中，第六元素是中国最早的石墨烯企业之一，制造的石墨烯材料应用于华为手机的散热材料。常州在石墨烯生产和研发方面的成就，造就了“世界石墨烯看中国、中国石墨烯看常州”的现状。

石墨烯的应用能够打开集成电路、新能源、医疗等领域的新局面，甚至有可能改变整个世界的面貌。

三、纳米技术

纳米（nanometer）是长度度量单位，1纳米=10^{-9}米，比单个细菌的长度还要小得多。纳米技术（nanotechnology）是以原子或分子来构造具有特定功能的产品的科学技术，研究结构尺寸在1~100纳米范围内材料的性质和应用。纳米技术是交叉科学，具有很强的跨学科综合性，对物理学、材料科学、电子学、生物学等学科产生了重要的影响，推动了纳米材料、纳米医学、纳米能源和纳米电子等研究领域的诞生和发展，在未来科技发展中有着举足轻重的地位。中科院院士、国家纳米科学中心主任赵宇亮指出，纳米科学技术已经成为人类最大的学科交叉领域。

中国非常重视纳米技术的研发工作。早在2000年，中国就成立了国家纳米科技指导协调委员会。2003年，中国成立了国家纳米科学中心，并在国家中长期发展规划中部署了纳米科学计划。在国家的大力支持推动下，经过中国科学家的不断探索与奋斗，中国在纳米科技领域的论文数量及质量大幅提升，其中不乏高影响力的研究，纳米技术研究机构达到了国际领先水平。此外，中国在专利研发方面也领先世界。目前，中国纳米科技在理论研究和实践探索方面，都已经领跑全球。《纳米研究前沿分析报告》指出，中国在锂电池和纳米催化两个领域排名第一，在太阳能电池、纳米发电机、纳米药物、纳米检测、纳米安全性五个领域排名第二。

中国科学院院长白春礼指出：一系列统计数据显示，中国已成为当今世界纳米科学与技术进步的重要贡献者和世界纳米科技研发前沿大国之一；未来将进一步统筹推进纳米科技领域的基础研究、技术创新和成果转化，充分发挥纳米科技对科技经济发展的推动作用。

中国积极探索纳米技术在长续航动力锂电池、纳米绿色印刷、纳米催化、健康诊疗及饮用水处理等领域的应用途径，并取得了许多重要成果。中国在纳米材料合成、纳米电子设备器件、能源转化和储存纳米材料、纳米医学以及绿色纳米材料等方面，为世界做出了杰出贡献。在可以预见的未来，中国将会努力实现纳米技术与人工智能技术的结合，在可持续农业、智慧城市、数字化生活等领域发挥纳米技术作用，提升全人类生活质量。

思 考

1. 请讲一讲中国在液态金属领域的成就。
2. 请讲一讲中国在石墨烯领域的成就。
3. 请讲一讲中国在纳米技术方面的成就。

第六节 农业技术

想一想

1. 你认为提升粮食产量需要什么样的技术?
2. 你了解“杂交水稻”“杂交大豆”吗?

一、生物技术——禽流感疫苗

禽流感是一种人、禽类共患的急性传染病，每一次禽流感的大规模暴发都会给养禽业带来重创，造成巨额经济损失，而禽流感疫苗是禽流感防治的重要手段。目前，中国禽流感疫苗研究水平已经处于世界领先水平。中国自主研制出了H5N2灭活疫苗、H5N1基因重组灭活疫苗、H5亚型禽流感重组鸡痘病毒载体活疫苗等，保证鸡、水禽、肉禽等不同禽类的免疫需要。

2004年，中国暴发高致病性禽流感，H5N2疫苗在控制和消灭疫情方面发挥了非常关键的作用。以往缺少针对水禽的有效禽流感疫苗，而H5N1基因重组禽流感灭活疫苗的问世，首次成功解决了这一世界性难题，该疫苗对鸭、鹅等水禽具有良好的免疫性，是全球唯一大规模应用的人类/动物流感病毒反向遗传操作工程疫苗。该疫苗在东南亚国家也取得了良好的使用效果。此外，中国在世界上首次研究成功H5亚型禽流感重组鸡痘病毒载体活疫苗、新型H5亚型禽流感重组新城疫病毒载体二联活疫苗。

中国禽流感疫苗技术的不断提升，推动了中国养殖业防控力度升级，为养殖业发展提供了保障。

二、转基因技术——抗虫棉

棉花集“棉、粮、油、饲、药”属性于一身，可以称得上“浑身是宝”，是重要的生活生产原料。中国是产棉大国，但曾在20世纪90年代连年遭遇虫灾，造成重大经济损失。为了解决棉花虫灾问题，中国科学家进行科研攻关，研发出抗虫棉，通过基因工程的方法解决了虫灾问题，成为世界上第二个独立研制出抗虫棉并拥有自主知识产权的国家。

中国的抗虫棉研发水平居国际前列，研发出了240多个防虫效果好、产量高、地域适应性强的单价转基因抗虫棉、双价转基因抗虫棉以及转基因抗虫杂交棉品种，并已经实现大规模量产。事实上，中国是国际上首次成功创建高产量、高纯度、高效率、低成本的转抗虫基因三系杂交棉及育种新体系的国家，也是世界上第一个大规模推广应用转抗虫基因三系杂交棉高新技术的国家。

抗虫棉为中国棉花产业注入新活力，抗虫棉的推广应用有力保障了中国棉花的增产保收。中国抗虫棉技术已走出国门，出口到许多国家。

三、杂交水稻技术

中国是人口大国，民以食为天，粮食产量对于民生来说至关重要。为了保障粮食产量，以袁隆平为首的中国科学家专门从事杂交水稻研究工作。什么是杂交水稻？杂交水稻是指选用两个在遗传上有一定差异，同时它们的优良性状又能互补的水稻品种进行杂交，生产具有“杂种优势”的第一代杂交种，就是杂交水稻。杂交水稻生长能力强，根部发达，稻粒多，经济价值高。

1984年6月，中国成立了全国性的杂交水稻专门研究机构——湖南杂交水稻研究中心。1986年，中国科学家提出创新观点——“两系法亚种间杂种优势利用”，经过六年的科研攻关，研究人员成功地突破了两系杂交稻关键技术，并将此技术推广应用。1995年，以湖南杂交水稻研究中心为依托，成立了国家杂交水稻工程技术研究中心。1997年，中国科学家提出“形态改良与杂种优势利用相结合”的超高产育种技术路线。在袁隆平的率领下，2000年、2004年和2011年超级稻亩产700 kg、800 kg和900 kg。2014年，四期中国超级稻亩产1000 kg攻关项目进行测产，结果显示，亩产达1026.7 kg，创造新纪录。2020年11月，由湖南衡阳袁隆平团队所研制的杂交水稻，两季亩产达到了1530.76 kg。中国还研发出沙漠水稻、海水稻、巨人水稻等，不断刷新产量记录。

中国在杂交水稻技术领域领先世界。中国农科院水稻所成功选育出超级稻组合“协优9308”，平均亩产达789 kg，最高单产达818 kg，在长江中下游地区大面积推广种植，并在国际上受到了普遍的认可。中国科学家还利用分子育种技术，选育出一批超级稻新品种及组合，比如“国稻1号”“国稻6号”，平均亩产超过800 kg。其中，“国稻1号”被评选为2005年中国十大自主创新技术。

中国已经培育并形成20个超级稻主导品种，推广面积达到全国水稻总面积的30%

（约12亿亩），每亩平均增产60kg，这使得中国水稻育种水平国际持续领先，保障了全国粮食的稳定供应，为国家食品安全提供有力保证。除了国内的广泛种植外，中国杂交水稻在越南、印度尼西亚、菲律宾和美国等国家得到了大面积生产应用，并取得了显著的增产效果。

四、自交系杂交技术——杂交大豆

中国是大豆原产国，大豆生产历史悠久，但中国大豆大部分倚靠进口，大豆已经成为国家粮食安全的重要问题。中国科学家通过艰苦攻关，在大豆杂交育种方面取得了创新性成就。

所谓杂交大豆，是指用两个自交系杂交生产的杂种大豆，比普通大豆品种增产15%~20%，具有高产、稳产、抗病、耐逆等优点。中国科学家通过系统育种筛选了一批优良品种，不仅在杂交大豆理论方面取得突破性进展，还在世界上首先实现了大豆三系配套，培育了一批杂交大豆新品种。目前，中国的杂交大豆研究水平世界领先。

1993年，中国培育出了世界上第一个野生大豆细胞质雄性不育系和同型保持系。1994年，中国科学家实现了栽培大豆“三系”配套。此外，中国还培育出第一个大豆杂交种“杂交豆1号”。今天，中国大豆遗传育种取得了很多突出的成果，选育出了东农4号、吉林3号、铁丰18、黑农26、合丰25、鲁豆4号、浙春2号、绥农14、吉林20、中黄13和黑河43等优良大豆品种。此外，中国已培育出一批适合不同区域种植的优良品种。大豆育种专家、中国农科院作物科学研究所研究员孙石指出：“如黑河35、黑河45、黑河49等极早熟、超早熟大豆品种，使东北北部第五、第六积温带等高寒地区的大豆面积明显扩大，产量水平不断提升。中黄13、齐黄34等早熟抗逆品种的大面积推广应用，使黄淮海南部地区在劳动力大量转移、耕作栽培仍显粗放的条件下，实现大豆面积逆势扩展和单产稳步提升。”

五、基因技术——农作物基因组

所谓基因组，就是一个物种中所有基因的整体组成。农作物基因组就是针对农作物品牌的基因研究。农作物基因组研究对于保障国家粮食安全和生态安全有重要意义。

中国在农作物基因组研究方面处于全球领先地位。中国已实现对重要农作物，如水稻、小麦、玉米、大豆、油菜、棉花、蔬菜等作物基因组的测序或重测序，深入分析了基因组变异、染色体重组、基因组选择与驯化机制。同时，在作物演化与性状形成机理研究方面，中国科学家研究了种质资源多样性演化机制、杂种优势形成机理、作物根际固氮和光合作用机制等，克隆了一批具有重大育种价值的新基因。

中国科学家在挖掘作物优良种质与优良性状方面成果突出。中国农业科学院基因组研究团队围绕水稻和玉米的理想株型调控机理开展原创性研究，克隆了数十个与水稻株高、分蘖、籽粒大小、根系发育、株型建成等相关的关键基因，挖掘出一批调控耐密株型、株高、开花等相关的基因，创制一批育种新材料。该项研究成果保障了粮食丰产的基因资源自主可控。

未来，农作物基因组技术将与基因技术、人工智能、大数据、传感器等前沿技术相融合，促使育种技术走向智能化、精准化。

思　考

1. 请讲一讲中国在农业技术领域取得的成就。
2. 请讲一讲中国在农业技术领域的成就能够为世界带来哪些益处。

第七节　医 疗 技 术

想一想

1. 你听说过“疟疾”吗？你知道有什么药物能够治疗这种疾病吗？

2. 带有出生缺陷的孩子一生都可能会饱受病痛折磨，有什么医疗技术能够解决这个问题吗？

一、青蒿素

疟疾是由人类疟原虫感染引起的寄生虫病，症状包括发烧、寒战等，严重的情况下会导致患者昏迷、器官衰竭，甚至可能导致死亡。疟疾是在全球传播最广泛和最具破坏性的传染病之一，全世界每年约有4亿人次感染疟疾，至少有100万人死于该病。2007年，世界卫生大会将4月25日设立为“世界防治疟疾日”。中国科学家屠呦呦在疟疾治疗方面取得突破性进展，她从传统中医角度出发，发现青蒿素及其衍生物对于治疗疟疾有重要作用，并因此获得诺贝尔科学奖。可以说，青蒿素是中医献给世界的一份礼物。

1969年开始，中国科学家屠呦呦领导的课题组开始了对青蒿素的研究。团队成员收集整理传统中医的历代典籍、本草研究资料以及民间方药，开展中药实验研究，利用现代医学和方法进行分析研究，并不断改进提取方法。经过380多次失败，终于在

1971年首先从黄华蒿中发现抗疟有效提取物。此后，屠呦呦团队首次获得青蒿乙醚中性提取物，该提取物对鼠疟原虫抑制率达100%，并从青蒿抗疟有效部位中分离提纯抗疟有效单体——青蒿素。1973年，中国科学家通过临床试验证明了青蒿素临床的有效性。2019年6月17日，屠呦呦团队对外公布青蒿素抗药性研究取得阶段性进展。2015年10月5日，中国药学家屠呦呦因其在青蒿素研究方面的贡献，获得“诺贝尔生理学或医学奖”。

青蒿素能极大降低疟疾患者的死亡率，为人类对抗疟疾提供了有力的武器。屠呦呦表示：“青蒿素是人类征服疟疾进程中的一小步，是中国传统医药献给世界的一份礼物。”“中医药从神农尝百草开始，在几千年的发展中积累了大量临床经验，对自然资源的药用价值已经有所整理归纳。通过继承发扬，发掘提高，一定会有所发现、有所创新，从而造福人类。”

青蒿素的发现对全人类的生命健康以及世界公共医疗卫生产生了无比深远的影响，青蒿素让全世界看到了中医的风采，为传统中医与现代医学携手发展提供了新的思路。

二、脊柱畸形的分子遗传学研究及临床应用

你听说过脊柱畸形吗？这是一种高致畸致残性疾病，这种疾病非常痛苦，甚至可能毁了一个人的一生。脊柱畸形的发病年龄覆盖整个生命周期，从新生婴儿到耄耋老人都可能患上这种疾病。治疗脊柱畸形的手术被称为“脊柱手术的珠穆朗玛峰”，这是因为这种手术耗时极长、精度极高、难度极高且风险极大。脊柱畸形治疗难度如此之高，那么有没有什么方法手段能够筛查、预防脊柱畸形呢？

针对这一问题，中国科学家建立了“系统解析脊柱畸形及相关合并症”研究协作组（DISCO），现已有中国、美国、日本等国超过30个研究中心参与了DISCO框架下的多中心研究。该协作组的“脊柱畸形的分子遗传学研究及临床应用”项目获评“中国21世纪重要医学成就”。

该协作组构建中国首个国际领先骨骼畸形遗传研究体系，揭示了先天性脊柱侧凸最重要的遗传学病因，定义了一种全新的先天性脊柱侧凸疾病亚型——TACS，获得世界广泛认可，被称为“中国模型”。此外，该协作组还搭建了预测系统来评估临床TACS的患病风险，建立了TACS的基因剂量模型，提出了TACS Ⅱ型的概念，刷新了遗传学界对相关致病变异遗传机理的认识。

“脊柱畸形的分子遗传学研究及临床应用”的研究成果，在中国十余家大型医院、高等院校和科研机构推广应用，已经应用于2 000余例脊柱畸形患者，帮助实现中国脊柱侧凸患者的“早筛”“早诊”。现在，中国的脊柱畸形分子遗传学研究已经步入临床

应用。中国科学家还制定了多部脊柱畸形相关筛查与早诊早治的指南及标准，促进中国脊柱畸形的筛查、预防、诊断及治疗。

三、世界首例高通量测序单基因遗传病和染色体异常筛查试管婴儿

我们知道如果父母有某种遗传疾病，那么孩子也很有可能会患上这种疾病，这是因为父母基因中的致病基因进入胚胎，会导致遗传性出生缺陷。为了从源头上解决这个问题，需要对遗传病患者或携带者的胚胎进行遗传学技术分析，进行产前诊断，防止新生儿出生缺陷的发生。针对各种复杂致病突变的胚胎诊断难题，中国科学家一直致力于揭示人类发育过程中基因表达与表观遗传学调控机制，创新研发全基因组扩增技术。

来自北京大学第三医院、北京大学生命科学学院生物医学前沿创新中心的研究团队，首次揭示人类生殖发育过程中基因表达与表观遗传学调控机制，完整绘制了人类生殖细胞及早期胚胎的高精度单细胞转录组及表观遗传动态变化图谱；通过“单细胞基因组扩增”技术，在国际上率先完成了人类单个卵细胞的高精度全基因组测序。2013年，中国科学家第一次验证了MALBAC（multiple annealing and looping-based amplification cycles，基因组扩增技术）在胚胎遗传学诊断临床应用的可能性。2014年9月19日，世界首例经MALBAC基因组扩增高通量测序进行单基因遗传病筛查的试管婴儿在北京大学第三医院诞生，这标志着中国胚胎植入前遗传诊断技术已处于世界领先水平。该项技术已经应用于百余种致病基因的胚胎遗传学诊断。

中国科学家的研究成果，有助于攻克“出生缺陷”这一重大生殖健康难题，助力优生优育，为改善生育力、防治遗传性出生缺陷、推动人类生殖健康科研事业发展做出重要贡献。

思　考

1. 请讲一讲中国在医疗技术方面的成就。
2. 请查阅资料，看一看中国在医疗领域还有哪些成就。

第三章 中国工匠

第一节 鲁　班

想一想

1. 你知道"班门弄斧"这个成语吗？
2. 你知道"工匠始祖"是谁吗？

一、鲁班其人

鲁班，姓姬，名班，人们尊称他为"公输子"。他生活在春秋时期，因为是鲁国人，大家习惯称他为"鲁班"。鲁班出生在工匠世家，从小耳濡目染，掌握了丰富的土木建筑技能，积累了丰富的劳动经验，为日后的创造发明打下了基础。

鲁班的土木建筑及木工技术精湛。相传，鲁班能够用斧子几下就把木料砍成想要的样子。谁如果敢在鲁班面前挥舞斧子，那就是自不量力，这也是"班门弄斧"这个成语的由来。足以看出鲁班技艺的纯熟和高超。

鲁班不仅技艺高超，还极具创造力。据说，木工所使用的很多工具，如墨斗、刨子、钻子、锯子等，都是鲁班创造发明的。其中，鲁班发明的曲尺，也被称为"鲁班尺"，用以纪念这位伟大工匠的成就。鲁班之所以能够有如此多的发明，是因为他观察细致入微，且善于总结，能够依据劳动需要，从实践中获得启发，经过反复试验，创造出高效的工具，鲁班的发明提高了当时的劳动效率，推动了土木工艺的发展，他也因此被尊称为"工匠始祖"。

二、鲁班传说

1. 锯

鲁班的手指被一颗小草划破，看着渗出的血，鲁班陷入沉思，为什么一棵小草竟然能划破人的手指呢？鲁班仔细观察这棵小草，原来这种草叫丝茅草，草叶边缘长着许多锋利的细齿。那么，如果把金属薄片的边缘做成这样的细齿形状，是不是也能够锋利地割开木材呢？鲁班尝试了自己的这个想法，发明出了“锯”。锯能够把木材和其他需要加工的物品割开或锯断，是非常实用的木工工具。

2. 船桨

以前人们开船，是使用竹篙撑船，非常耗费体力。有一次，鲁班乘船的时候，看到艄公累得满头大汗。因此，鲁班思索着，有没有一种方法可以让人们轻松地驾船？鲁班想到鸭子在水中移动显得毫不费力，他注意观察鸭子的动作，发现鸭子脚蹼的形状非常特殊，能够高效地划水。于是，鲁班找来一根粗木棍，把木棍的上半部分削成圆柱形，模仿鸭子的腿部，把木棍的下半部分削成扁扁的扇形，模仿鸭子的脚蹼。人们试着用鲁班发明的这个工具划船，发现不仅省力，而且行船速度也加快了，这个工具被广泛地使用开来，人们称其为“橹板”。

3. 刨子

以前人们想要木料表面光滑，只能用斧子一点一点砍，但是很难达到表面光滑的效果。为了解决这个难题，鲁班日夜思考，他打造一把极薄的斧头，上面盖上贴片，只露出斧头锋利的刃。鲁班把这个工具放在木料表面，向前推动。果然，随着斧头的刃向前推移，木材表面就掉下一层薄薄的木屑。反复推动几十次之后，木材的表面变得非常光滑。后来，为了方便抓握和用力，鲁班又给这个工具安装了一个木制的外壳，就形成了今天的“刨子”的雏形。

4. 石磨

面粉是非常重要的食材。那么，在古代中国，面粉是如何生产的呢？最初，人们把麦子放在石臼中，用石杵捣麦。石杵非常沉重，人们常常累得汗流浃背，而且由于麦粒是椭圆形的，容易滚动，麦粒常常被砸飞。这样的生产方式往往事倍功半。

鲁班解决了这个问题。他打造了两块圆盘形状的石料，在每个圆盘的一面凿一个道槽，把两个圆盘摞在一起，使两个圆盘的道槽相合，在圆盘中心安装一个轴，在上面的圆盘上安装了一个把手。这样，只需要在圆盘中间放上麦粒，推动把手，就能够把麦子磨成面粉。这就是“石磨”。

5. 云梯

鲁班受生活中经常使用的短梯的启发，打造出长梯，这种长梯配有轮子、抓钩等工具。长梯能够移动到目标地点，在地上架起来，并通过抓钩固定在墙上，兼具灵活性和稳定性。这种梯子被称为“云梯”，在鲁班的时代主要用于作战攻城，能够帮助士兵爬上城墙。据说，今天消防员所使用的云梯，就是从鲁班发明的云梯演变而来。

三、鲁班的精神品质

今天，鲁班被称为“百工圣祖”，“鲁班”这个名字也成为了中国工匠精神的代表。鲁班的精神品质的内涵包括如下几个方面：

（1）匠人精神，精益求精。鲁班不仅对所制作的作品和发明的工具一丝不苟，精雕细琢，还不断提升自己的技艺水平，追求完美。鲁班的这种对于工作和技术的执着，成为后世工匠的职业道德指引。

（2）传承技艺，开拓创新。鲁班之所以能够有如此多的发明创造，是因为他传承了前人的技艺。同时，鲁班也收徒传艺，对学生严格要求，因材施教。民间也流传着不少鲁班传艺的故事和歌谣。鲁班上承前人经验，下传后世绝技，也因此被许多行业奉为“祖师爷”。鲁班在重视传承的同时，也极具创新精神，许多发明前无古人，开创了行业新面貌，甚至使用至今。

（3）劳动光荣，服务精神。鲁班热爱劳动，从丰富的劳动实践中锻炼出了精湛的技艺和创造才能。此外，鲁班还关心劳动人民，有为劳动人民服务的精神，他的许多发明都是为了减轻劳动压力，提高劳动效率，他也因此被视为是中国古代劳动人民智慧的化身。

两千年如白驹过隙，“鲁班精神”薪火相传，匠心不移。面向国内，1987年，中国建筑业联合会设立了“鲁班奖”。面向国际，中国开创了“鲁班工坊”项目，鲁班工坊，是将中国职业教育的教学模式、专业标准、技术装备、教学资源与世界分享的实体化平台。其核心目标，是培养合作国经济社会发展急需的高素质技术应用型、技术技能型人才，为“一带一路”服务，为国际产能合作服务，为构建人类命运共同体服务。目前已建成泰国、英国、印度、印尼、巴基斯坦、柬埔寨、葡萄牙、吉布提、埃及、南非、尼日利亚、埃塞俄比亚等33个鲁班工坊，遍布亚欧非三大洲。“鲁班精神”跨越千年，不仅成为中华匠人精神的重要纽带，激励着一代又一代中国工匠继往开来，砥砺前行，更成为了中国技术与世界交流的重要纽带。

思 考

1. 请讲一讲鲁班的故事。
2. 请讲一讲你所理解的鲁班精神。

第二节　李　冰

想一想

1. 成都被称为“天府之国”，你知道“天府之国”的含义吗？
2. 你知道是谁让成都成为了“天府之国”吗？

一、李冰其人

李冰，号称陆海，中国战国时期的著名水利工程专家。公元前256年—公元前251年，在蜀郡（今天中国成都一带）作太守。在这期间，李冰带领人民在岷江流域建造了许多水利工程，其中李冰父子共同主持修建的“都江堰”工程，解决了当地水患问题，使得蜀郡成为“天府之国”。人们为纪念李冰父子，在都江堰修有二王庙。

二、李冰治水

中国成都一带位于盆地中，岷江从这里流过，因而土壤肥沃，物质富饶。但是，在战国时期，这里有的地方水患严重，有的地方又缺少灌溉的水，百姓苦不堪言。李冰做了蜀郡的太守之后，决心改变这种状况，为人民解决水患问题。

李冰和他的儿子李二郎经过调查勘测，发现蜀地会有水患，是因为岷江的上游地势坡度大，水流湍急，而流经到蜀地，地势突然平坦，上游冲下来的泥沙淤积在此，堵塞了河道。到了夏天，岷江上游雪山融化的水大量流入岷江，就会形成水灾。但是，岷江东边有一座玉垒山，挡住了岷江，这里又缺少水灌溉农田。

在实地考察的基础上，李冰父子制定了严密的治水方案。首先，他们废除了以前的引水口，选择在玉垒山开凿出一个口子作为新的引水口子，取名“宝瓶口”。这样一来，岷江就多出了一条取道宝瓶口向东流的分支，既减少了西边的水量，又使得东边缺水的地区得到了灌溉。这是治水的关键环节，也是都江堰工程的第一步。

宝瓶口一定程度上实现了分流和灌溉。但是，岷江东部地势高，水流难以通过宝瓶口流入东部。为了解决这一难题，李冰父子带领当地人民建筑了分水堰，迫使江水分为两支，一支流入宝瓶口，称为“内江”，另一支在西边顺江而下，称为“外江”。

因分水堰形似鱼嘴，被称为“都江鱼嘴”。李冰父子在此基础上，不断尝试各种方法和措施，终于修建成了完整的都江堰水利工程，包括百丈堤、都江鱼嘴、内外金刚堤、飞沙堰、人字堤、宝瓶口等，终于彻底解决了防洪和灌溉的问题。都江堰使得四川地区成为了沃野千里的“天府之国”，一直留存至今。

三、李冰的精神品质

李冰父子因地制宜、因势利导，充分利用蜀地的“水情”和“地势”，制定了合理的治水方略。李江父子的治水思想体现了中华哲学中“道法自然”“天人合一”的思想。李冰的功绩不仅仅在于建造了一座水利工程，更在于他为后人留下了宝贵的精神财富，激励着一代又一代的人们面对困难勇往直前，用智慧和汗水创造美好生活。在今天，我们依然受益于都江堰水利工程。我们应当铭记李冰的伟大贡献，传承和发扬他的精神品质。让我们怀着感恩之心，珍惜这片富饶的土地，努力创造更加美好的未来。

思　考

1. 请讲一讲李冰治水的故事。
2. 请讲一讲李冰在修建都江堰的过程中体现出的中国工匠精神。

第三节　蔡　伦

想一想

1. 你知道“造纸术”吗？
2. 你知道“纸圣”是谁吗？

一、蔡伦其人

蔡伦，字敬仲，东汉贵阳人。贵阳在今天中国的湖耒阳一带。蔡伦小时候家里非常贫困，食不果腹，被送入皇宫作了宦官。他从很低的职位开始做起，由于勤奋好学，天资聪颖，被提升到较高的官位，成为了“尚方令”，负责监制工匠兵器和其他各种器械。蔡伦在工作中事必躬亲，尽职尽责，不仅监制的器具精工坚密，而且通过与工匠的接触积累了丰富的劳动经验，学习了精湛的技术，为造纸术的改进打下了基础。公元114年，蔡伦被封为龙亭侯，由他监制的纸也因此被称为“蔡侯纸”。造纸术的发明对于中国乃至世界都有着十分深远的影响，人们尊称蔡伦为“纸圣”。

二、蔡伦造纸

中国古代曾使用龟甲、兽骨、简牍等作为书写工具，这些书写材料使用不方便、获取不易且存储占较多空间。后来出现了比较轻便的书写工具——缣帛。缣帛是一种丝织品，非常昂贵。蔡伦就曾说：“缣贵而简重，并不便于人。”意思就是缣帛很昂贵，而简牍太重，这两种书写材料使用起来都不方便。

西汉初期，已经出现了早期的造纸术，是一种麻类纤维纸。但是这种纸成本并不低，且质地粗糙，品质较差，产量也少，所以普及度低。蔡伦希望造出成本低廉、品质优良、易于普及的纸。于是，他利用节假日的时间潜心研究，总结前人造纸经验，带领工匠们改进造纸术。他们利用树皮、麻头、破布、破鱼网来作原料，这些原料价格低廉而且容易获得，很多原料甚至是日常生活的废弃物，这就降低了纸的价格，有利于纸的大量生产。蔡伦改进的造纸术是把树皮、麻头、破布和破渔网等东西剪碎或切断，放在水里浸渍一段时间，再把这些原料捣烂成浆糊，并进行蒸煮，蒸煮过的浆糊经过漂洗、沉淀、挤压等步骤，最后被摊成薄片，放在太阳底下晒干，最终就变成了一张张纸。

这种方法造出的纸价格低廉，体轻质薄，便于书写，不易破碎。公元105年，蔡伦把自己发明的造纸术奏报给汉和帝，受到了汉和帝的赞扬。从此，蔡伦的造纸术被广泛应用，用这种方法造出的纸被称为“蔡侯纸”。后世用木浆造纸，也是受到了蔡伦用树皮造纸的启发。

虽然纸不是蔡伦发明的，但蔡伦对于造纸术的改进，使得人类书写和储存信息的方式发生了根本性的改变，为文明的传承和交流提供了媒介和基础，是人类文明史上划时代的里程碑。在麦克·哈特所著的《影响人类历史进程的100名人排行榜》中，蔡伦排在第七位。2008年北京奥运会开幕式，通过表演展示了蔡伦发明的造纸术。2010年，中国科学家将月球表面的一个撞击坑命名为“蔡伦”，并获得了国际天文学联合会的批准。

三、蔡伦的精神品质

蔡伦能够对造纸术进行创新性的改造，主要是得益于他锲而不舍、坚持不懈的精神。蔡伦在探索造纸术的过程中，不断尝试不同的原料，进行反复试验，从失败中吸取经验，调整配方，改进工艺。在遇到挫折的时候，蔡伦坚持研究和尝试，潜心钻研，在小有成果的时候，蔡伦仍然精益求精，追求完美，最终研发出平整耐用、轻薄便携、容易书写的“蔡侯纸”。

思 考

1. 请讲一讲蔡伦造纸的故事。

2. 请讲一讲蔡伦在造纸过程中体现出的中国工匠精神。

第四节 华 佗

想一想

1. 你知道“华佗在世”是什么意思吗？

2. 你知道关羽刮骨疗伤的故事吗？

一、华佗其人

华佗，东汉末年医学家。华佗是沛国谯（今安徽亳州）人。华佗很小的时候，他的母亲因病去世，华佗从此立下志愿：长大后要悬壶济世，治病救人。华佗年轻时，曾到徐州一带访师求学，他勤奋好学，“兼通数经，晓养性之术”。有人推荐他做官，他婉拒了，全心全意投身于医药学和养生保健术。华佗一生行医，医术高超，成就斐然。他不仅精通内、外、妇、儿、针灸各科，还特别擅长外科。华佗给病人做手术的时候，病人经常因为疼痛而剧烈挣扎，为了解决这个问题，减轻病人的痛苦，他遍访名山大川，采集各种各样的材料，试验了无数种配制方法，终于研发出了中医麻醉剂——麻沸散。华佗将麻沸散应用于剖腹手术，这是世界上首次在外科手术中应用麻醉剂进行全身麻醉。华佗也因此被称为“外科圣手”“外科鼻祖”等。

此外，华佗很重视疾病的预防，提倡通过体育锻炼来提高免疫力，因而创造“五禽戏”。这是一套以体育活动为主、与气功结合的健身体操，通过模仿虎、鹿、熊、猿、鸟的动作和姿态，达到通畅血脉、增强体质、锻炼身心的目的。2011年5月23日，华佗五禽戏经国务院批准，列入第三批国家级非物质文化遗产名录。

华佗把丰富的医疗经验整理成一部医学著作——《青囊经》，该书已失传，但他培养的学生很多都成为了优秀的医学家。比如，吴普著有《吴普本草》，李当之著有《本草经》。华佗被尊称为“神医”，今天我们经常用“华佗再世”“元化重生”称誉医生和医学工作者。

二、华佗传说

相传有一天，有两个病人来看诊，他们有相同症状，都头痛发热。华佗检查后说：“这个人的病应当用泻法，另一个人则应当发汗。”有人不解地问：“这两位病人得了同样的病，为何治法不同？”华佗说：“他俩的病看起来虽然症状一样，但是一个人患的是内实症，而另一个人患的是外实症，所以治疗的方法也就不同。”于是分别对症下药，两人很快痊愈了。

华佗年轻的时候，听闻琼林寺的长老医术高明，便不远万里前去拜师。长老见他诚心求教，便收他为徒。华佗白天干活，抽出时间观摩长老坐诊，晚上苦读医术。有一次，长老突然昏倒，师兄们都手足无措。华佗为长老把脉后，镇定地说：“长老脉象平和有力，身体并无大碍，只是过于劳累。”听了华佗的话，大家都长舒一口气。突然，长老哈哈大笑起来：“你们中只有华佗通过了考验啦！”原来长老是故意测试大家的医术。

在《三国演义》中也有关于华佗的故事。有一次关羽身受重伤，左臂被箭射穿，箭头上有毒，伤口因此久伤不愈。寻医问药很久，都无法根治。就在众人一筹莫展的时候，有一个人坐着小船从江东来到了寨前。这个人说自己叫华佗，是一个医生。他听说关羽是个大英雄，因为中了毒箭受了伤，伤口一直不好，便特意来这里，给关将军治疗箭伤。当华佗在给关羽刮骨之前，关羽先是喝了几杯酒，然后，他一只手跟马良比赛下棋，另一只手臂则伸给华佗。

就这样，华佗一刀下去，黑血直流，后划开皮肉，一直划到骨头里。这时候，骨头露了出来，当时上面已经有了青色。之后，华佗拿着刀，在骨头上慢慢刮，把上面有毒的物质都刮掉，刀和骨头摩擦的声音听得清清楚楚。一会儿工夫，血就流了一大盆。

华佗刮骨去除了毒素之后，不仅给关羽的伤口上敷了药，还用线把伤口给缝合了。

三、华佗的精神品质

华佗名字中“佗”字的意思是负荷、负载。人如其名，华佗以救治天下苍生为己任，将人民的健康背负在自己的肩上。华佗一生不慕名利，悬壶济世，他丰富的医药知识与高超的医疗技术来源于民间，也服务于民间。他以医者仁心，一心一意救治病人，为中国中医药学的发展做出了杰出贡献。有“中华药都”之称的亳州盛赞华佗精神为“悬壶济世，大爱无疆”。华佗怜悯苍生、仁心仁术的精神彰显了中医风骨，被不断继承和发展，成为中医药精神文化的宝贵组成部分。

思 考

1. 请讲一讲华佗的故事。
2. 请讲一讲你所理解的华佗精神。

第五节 黄 道 婆

想一想

1. 你了解中国的纺织工艺吗？
2. 你了解“崖州被”吗？

一、黄道婆其人

黄道婆原名黄阿妹，出生在南宋末年淳祐年间，是松江府乌泥泾镇（今上海徐汇区东湾村）人。黄道婆是中国古代杰出的纺织技术革新家。黄道婆出生于一个非常贫苦的农民家庭，由于生活过于贫寒，她很小的时候就被卖给别人当了童养媳。她在婆家忍饥受冻，辛苦劳累，还经常挨打受气。但是，痛苦的生活没有消磨她的意志，她寻找机会逃出了婆家，逃到了停在松江污泥泾附近码头上的一艘船上，后来随船航行到海南崖州。

生活在崖州的黎族人民非常同情黄道婆，收留了这个十二三岁的小姑娘。当时黎族的棉纺织技术十分先进，当地人把纺织技术毫无保留地传授给了黄道婆。黄道婆聪颖好学，很快成长为了一名出色的纺织能手，且她乐于助人，在当地人缘很好，被黎族人民亲切地称为“黄道婆”。

黄道婆在黎族地区生活了将近三十年后，因思乡情切，回到了阔别已久的家乡。那时，家乡的棉纺织生产工具以及纺织技术都非常落后，黄道婆把自己的纺织技术传授给家乡人民，并创新出了新的纺织工具和纺织技术，极大提升了当地的纺织工艺水平，推动了棉纺织业发展，使得淞江一带成为全国的棉织业中心，淞江布匹被称为“衣被天下”。在18世纪乃至19世纪，淞江布还远销欧洲。

二、黄道婆传说

“黄婆婆，黄婆婆，教我纱，教我布，二只筒子，两匹布。”这是上海一带流传的一首歌谣，表达了人们对黄道婆的感激之情。

黄道婆刚回到家乡时，当地妇女非常苦恼地告诉她，给棉花去籽特别耗时耗力，她们需要用手指把棉花籽一个一个剥出来。黄道婆创新了去籽的方法——把籽棉放在捶石上，再用一根铁棍擀挤棉籽。这种方法能够一次去除七八个棉籽。但是，黄道婆还是觉得这种方法效率不够高，还比较费力。她继续苦思冥想，尝试仿照黎族脚踏车制作轧棉机。她用四块木板装成木框，木框上装有木柱子，柱子上镶有一根方木，柱子中央装着带有曲柄的木轴和铁轴，铁轴比较细，木轴比较粗，两个轴转速不一样。去棉籽的时候，一个人摇曲柄，另一个人往木轴和铁轴中间放籽棉，棉絮和棉籽就会分别掉到轴的内外两侧。除了轧棉机，她还改进了弹棉花的工具，把小弓改为大弓，线弦改为绳弦，手指拨弦变为棒椎击弦。黄道婆创造出三锭脚纺车，速度快、产量多，是当时世界上是最先进的纺车。这些工具高效省力，节省了人力，提升了效率。

黎族人民能够织出十分珍贵的“崖州被”，“崖州被”被认为是黎族染纺织绣技艺的集大成之作。黄道婆从黎族人民那里学会了这种技术，并将这种技术与传统纺织技术相结合，研究出了错纱配色、综线挈花等棉织技术，能够在纺织品上绣出各种花纹和字样，织品鲜艳如画。运用这种纺织法制成的“乌泥径被”名驰全国。松江、太仓和苏杭等地都采用黄道婆的技法，于是便有了“松郡棉布，衣被天下”的说法。制棉业的兴旺，提高了人们的生活水平。

黄道婆对棉纺织技术的巨大贡献，赢得了当地劳动人民深切的热爱和永久的纪念，乌泥泾镇为她修建祠堂，叫先棉祠。上海群众为她兴立祠庙，其中规模宏大的先棉祠，每年四月黄道婆的诞辰，都有人接踵赶来致祭。

三、黄道婆的精神品质

黄道婆出身寒微，早年经历坎坷，但是她充满了抗争精神，不惧艰难，迎难而上，用勇敢和善良改写了自己的命运。三亚崖州区历史文化名镇管委会顾问何擎国指出，黄道婆以真诚和善良面对陌生的环境，获得了当地人民的认可，当地人民才会将纺织技术毫无保留地传授于她，而黄道婆真诚学习的态度，让她最终学有所成。

此外，黄道婆还具有科学家的开创精神。华东师范大学民俗研究所田兆元教授认为，黄道婆是当之无愧的一位科学家。“因为她的科学创新，使上海这个地方摆脱了贫寒的状态，走向富裕之路，为现代城市的诞生奠定了重要物质基础、技术基础。”广东技术师范大学民族学院教授陈光良也指出：“执着的创新精神，则让黄道婆从一个出逃女子逐渐成长为拥有一身织绣本领的能人巧匠，也是她走上传承—改革—创新成功之路的关键。”

思 考

1. 请讲一讲黄道婆的故事。
2. 请讲一讲你所理解的黄道婆精神。

第六节 詹 天 佑

想一想

1. 你知道“中国铁路之父”是谁吗?
2. 你知道“京张铁路”吗?

一、詹天佑其人

詹天佑（1861年4月26日—1919年4月24日）是中国近代著名的铁路工程专家，出生于广东省广州府南海县。詹天佑从小天资聪颖，对工程技术类书籍非常感兴趣。詹天佑整天摆弄小齿轮、螺丝刀等，喜欢用泥做火车、机器，对机械非常痴迷。

詹天佑12岁时，被选拔为第一批出国留学的预备生，留学美国。1878年，詹天佑成功考入耶鲁大学雪菲尔理工学院，专攻土木工程学，主修铁路工程。1881年，詹天佑获得学士学位，并于同年回到中国，开始了他建设祖国的事业。1905—1909年，詹天佑主持修建了中国自主设计并建造的第一条铁路——京张铁路。这条铁路总长不算长，但是铁路需要跨越崇山峻岭，施工难度非常高。铁路建造期间，遭到了来自国外的许多质疑，甚至有人说：“能修出这条铁路的中国工程师还没有出生呢。”詹天佑迎难而上，创造性地解决了种种技术难题，提前完成了京张铁路的建造，用实际行动有力回击了一切质疑，使得中国工程技术扬眉吐气，在国际上赢得一席之地。此外，詹天佑还创新出“竖井开凿法”和“人”字形线路，并在中国多条铁路的规划和建设中做出巨大贡献。他还著有《铁路名词表》《京张铁路工程纪略》等著作。

詹天佑被誉为中国首位铁路总工程师，有“中国铁路之父”“中国近代工程之父”之称。

二、詹天佑故事

在留学期间，詹天佑学习刻苦，立志学成之后报效祖国。当时的中国贫穷落后，缺乏现代化的设施，更没有铁路系统。在那时的中国，学习修铁路并不是一个很热门的专业。但是，詹天佑明白，要让祖国走上近代化的道路，就一定要建立起一个四通八达的铁路网络。詹天佑坚定地选择了铁路工程专业，且总是不断鼓励自己的同学：我们要有信心，只要我们齐心协力，中国很快就会有火车，有轮船，有工厂，而且将来会有更多。他用这样的精神不断激励自己，最终以优异的成绩从耶鲁大学毕业。

詹天佑品行高洁，两袖清风，对自己和家人的要求都非常严格。他是中国顶级的铁路工程师，为了表达对他卓越贡献的认可和鼓励，国家多次提出要为他提供一些特殊照顾，都被他婉拒。他的两个孩子有机会公费出国留学，但是詹天佑坚持自费送孩子留学。他说："我的孩子公费出国读书，并不是他们多么优秀，而是因为我在铁路上做了一点贡献，国家的公费留学资格应该用来鼓励更优秀的孩子。"詹天佑也告诫自己的孩子："如果公费留学，你们难免会有些懈怠，我自己出钱，你们就不敢偷懒，你们不好好学，浪费的就是家里的钱，而我也没有过多的钱供你们虚度光阴。"

三、詹天佑的精神品质

詹天佑临终时写道："天佑生性钝拙，从事路工终垂三十年，只知报国，从不敢置产营私……"这句话的意思是："我天生愚钝笨拙，从事修路事业将近三十年，只知道报效祖国，从来不敢置办私人产业，或为自己谋私利……"据詹家后人讲述，詹天佑去世前，口述遗言，念念不忘的仍然是如何发展中国工程事业，如何维护中国铁路权益，如何让中国工程学科后继有人。说完这些，他已口不能言。詹天佑心怀祖国，始终怀揣着赤子之心，用一生的奉献诠释了什么是"两袖清风，一心报国"。

詹天佑的曾孙詹咏在参加庆祝京张高铁开通主题系列活动时，曾这样表达了对曾祖父的崇敬："'魂梦所系，终不忘京张。'这是曾祖父詹天佑晚年时说过的一句话，也是留给我印象最深的一句话。当初他修建京张铁路的时候，承担着巨大的压力：一方面是当地的环境非常险峻，要攻克技术上的难关；另外一方面，全世界的眼睛都盯着中国的这个举动。曾祖父曾经说过：'如果我失败了，这不仅是我个人的失败，也是中国的失败。'"

思　考

1. 请讲一讲詹天佑的故事。
2. 请讲一讲你所理解的詹天佑精神。

第七节 李 四 光

想一想

1. 你认为中国的石油资源丰富吗？
2. 你知道是谁为中国石油勘探工作做出了杰出贡献吗？

一、李四光其人

李四光是中国著名地质学家、教育家和社会活动家，中国现代地球科学和地质工作奠基人，中国地质学会创始人之一。李四光于1889年10月26日生于湖北省黄冈县，1904年留学日本。1913年进入英国伯明翰大学学习地质学，1918年获硕士学位，1920年回国任北京大学地质系教授、系主任，为中国培养了一大批地质人才。1928年任中央研究院地质研究所所长。1931年获伯明翰大学科学博士学位，1934年赴英国讲学，在伦敦、剑桥等八所大学举办“中国地质学”讲座。1947年获挪威奥斯陆大学荣誉博士学位。1948年当选中央研究院院士。1950年，李四光自英国回到百废待兴的祖国，先后任中国科学院副院长、全国地质工作计划指导委员会主任委员、地质部部长、第一届全国政协委员、第二届和第三届全国政协副主席、中国地质学会理事长、中国科学技术协会主席、全国地层委员会主任、中国科学院地质研究所所长和古生物研究所所长、中华自然科学专门学会联合会主席、中国第四纪研究委员会主任、中国原子能委员会副主任、地质部地质力学研究所所长、中央地震领导小组组长、中国科学院地震委员会主任等职务。20世纪50年代中期，还任世界科学工作者协会执行委员会副主席。1955年当选中国科学院学部委员。

李四光毕生致力于地球科学事业。他勤奋好学，博览群书，学识渊博，注重实践，悉心钻研，勇于创新，写下了数百万言140余篇（部）科学论著，为发展地球科学和服务于国民经济建设、环境治理等方面做了许多开创性的工作，并在多方面作出了巨大贡献：他创建的地质力学，提出构造体系新概念，为研究地壳构造和地壳运动、地质工作开辟了新途径；他关于古生物蜓科化石分类标准与鉴定的方法，一直沿用至今，为微体古生物研究开拓了新道路；他建立的中国第四纪冰川学，为第四纪地质研究，特别是地层划分、气候演变、环境治理和资源勘查等开拓了新思路。

为解决经济建设中能源紧缺问题，李四光运用自己创建的地质力学理论和方法，组织指导石油地质工作，在分析中国地质构造特点的基础上，指出新华夏构造体系三个沉降带具有广阔的找油远景，20世纪50年代初提出华北平原和松辽平原的“摸底”工作值得进行，为大庆、胜利、大港等中国东部一系列大油田的勘探与发现，为摘掉中国“贫油”的帽子和石油工业的发展作出了重大贡献。李四光指导铀等放射性矿产勘查取得突破性进展，为发展中国核工业和“两弹一星”作出了重要贡献。

李四光还有力推进了中国地热资源的开发利用。在地震灾害发生，人民的生命财产受到极大威胁的关键时刻，他提出进行地应力测量和现今构造应力场分析，研究地震发生、发展的规律，为预测和预报地震指明了方向；他还把这些理论和方法应用于区域地壳稳定性研究，在地壳活动带中寻找建设“安全岛”，以及各种灾害的预测与防治等。

1971年4月29日，李四光在北京逝世。直到临终，他还念念不忘发展地球科学、国家建设和人民的安危，被誉为新中国爱国知识分子的典范，也是中国共产党人的优秀代表。

2009年9月10日，在中央宣传部、中央组织部、中央统战部、中央文献研究室、中央党史研究室、民政部、人力资源社会保障部、全国总工会、共青团中央、全国妇联、解放军总政治部等11个部门联合组织的“100位为新中国成立作出突出贡献的英雄模范人物和100位新中国成立以来感动中国人物”评选活动中，李四光被评为“100位新中国成立以来感动中国人物”。

二、李四光的故事品质

1949年秋，取得博士学位的李四光冲破重重阻力回到祖国。李四光说：“我是炎黄子孙，理所当然地要把我所学的全部知识奉献给我亲爱的祖国。现在，我的祖国和人民还在贫困中挣扎，我应当回去，用我所学到的本领去改变祖国的面貌。”

李四光归国之时正是中华人民共和国成立之初，百废待兴。以李四光为首的地质学家们预见到，随着国家经济建设的大规模兴起，中国地质科学也将发挥越来越重要的作用，培养相关人才的任务迫在眉睫。1951年8月，东北地质学院（后名长春地质学院，现为吉林大学）正式成立，李四光兼任校长。在学校筹备期间，李四光数次往返于北京和长春，亲自参与筹建工作。从此，地学在吉林这片土地上扎了根。在办学理念上，李四光始终坚信，传道授业解惑是教育必须坚定的信念。在教学中，李四光注重培养学生理论与实践相结合的能力，经常亲自带领学生跋山涉水、四处奔波、风餐露宿，足迹遍布祖国的大河山川，只为能让学生更直观地掌握地质学知识。面对学术，李四光从不故步自封，创新、开拓是他毕生的追求，他叮嘱学生们：“我们要记着，作了茧的蚕，是不会看到茧壳以外的世界的。真理，哪怕是只见到一线，我们也不能让它的光辉变得黯淡，我们要继续战斗！”

在李四光的带领下，当时的长春地质学院为中国输送了大批地质人才，他们勇于吃苦、敢于创新、乐于奉献，大都成为地质学科的领军人物，为中国地质学科的发展壮大及祖国的现代化建设作出了突出贡献。

三、李四光的精神品质

李四光不迷信专家言论，不盲从权威，没有因为国际上广泛散布的“中国贫油论”而放弃希望。他立足多年理论研究，从科学的角度出发，勇于开拓进取，创立新理论，为中国勘探到多处重要油田。李四光体现出了保持理性、坚持实践出真知的科学精神。

李四光一直忙碌于为国家和人民服务的第一线，67岁主持石油勘探工作，77岁奔赴地震区一线进行考察，他用实际行动诠释了“老当益壮，宁移白首之心？穷且益坚，不坠青云之志。”

思　考

1. 请讲一讲李四光的故事。
2. 请讲一讲你所理解的李四光精神。

第八节　钱　学　森

想一想

1. 他曾被评价为“一个人抵得上五个海军陆战师”，你知道他是谁吗？
2. 每位从太空胜利完成任务的中国航天员，都会到他家中向他致敬。你知道他是谁吗？

一、钱学森其人

钱学森（1911年12月11日—2009年10月31日），浙江杭州人。1929年至1934年在上海交通大学机械工程系学习，毕业后报考清华大学留美公费生，录取后在杭州笕桥飞机场实习。1935年至1936年在美国麻省理工学院航空工程系学习，获硕士学位。1936年至1939年在美国加州理工学院航空系学习，获博士学位。1939年至1943年任美国加州理工学院航空系研究员。1943年至1945年任美国加州理工学院航空系助理教授（1940年至1945年为四川成都航空研究所通信研究员）。1945年至1946年任美国加州理工学院航空系副教授。1946年至1949年任美国麻省理工学院航空系副教授、空气动力学教授。1949年至1955年任美国加州理工学院喷气推进中心主任、教授。1955年自美国回国后，任中国科学院学部委员，力学研究所所长、研究员，国防部第五研究院副院长、院长。1959年8月加入中国共产党。1965年至1970年任第七机械工业部副部长。1970年至1982年任国防科学技术工业委员会副主任，中国科学技术协会副主席。1982年后，任国防科工委科技委副主任（1987年后改任高级顾问），1986年任中国科学技术协会主席，1991年为名誉主席，中国科学院院士、主席团执行主席，1994年为中国工程院院士。中国系统工程学会、中国力学学会、中国宇航学会名誉理事长。1986年3月任政协第六届全国委员会副主席。1988年3月至1998年3月任政协全国委员会副主席，中共政协全国委员会党组成员、科技委员会主任。

1991年10月16日，被中华人民共和国国务院、中央军委授予"国家杰出贡献科学家"荣誉称号和一级英雄模范奖章。

2009年10月31日在北京逝世，享年98岁。

二、钱学森成就

钱学森是中国航天科技事业的先驱和杰出代表，被誉为"中国航天之父"和"火箭之王"。在美学习研究期间，与他人合作完成的《远程火箭的评论与初步分析》，奠定了地地导弹和探空火箭的理论基础；与他人一起提出的高超音速流动理论，为空气动力学的发展奠定了基础。1956年初，向中共中央、国务院提出《建立我国国防航空工业的意见书》。同年，国务院、中央军委根据他的建议，成立了导弹、航空科学研究的领导机构——航空工业委员会，并被任命为委员。1956年，受命组建中国第一个火箭、导弹研究所——国防部第五研究院并担任首任院长。他主持完成了"喷气和火箭技术的建立"规划，参与了近程导弹、中近程导弹和中国第一颗人造地球卫星的研制，直接领导了用中近程导弹运载原子弹"两弹结合"试验，参与制定了中国近程导弹运载原子弹"两弹结合"试验，参与制定了中国第一个星际航空的发展规划，发展建立了工程控制论和系统学等。在空气动力学、航空工程、喷气推进、工程控制论、物理力学等技术科学领域作出了开创性贡献，是中国近代力学和系统工程理论与应用研究的奠基人和倡导人。

1957年获中国科学院自然科学一等奖。1979年获美国加州理工学院杰出校友奖。

1985年获国家科技进步特等奖。1989年获“小罗克韦尔奖章”、“世界级科技与工程名人”奖和国际理工研究所名誉成员称号。1991年10月获国务院、中央军委授予的“国家杰出贡献科学家”荣誉称号和一级英雄模范奖章。1995年1月获“1994年度何梁何利基金优秀奖”。1999年，中共中央、国务院、中央军委决定，授予他“两弹一星功勋奖章”。2006年10月获“中国航天事业50年最高荣誉奖”。

钱学森著有《工程控制论》《论系统工程》《星际航行概论》等。

2009年9月10日，在中央宣传部、中央组织部、中央统战部、中央文献研究室、中央党史研究室、民政部、人力资源社会保障部、全国总工会、共青团中央、全国妇联、解放军总政治部等11个部门联合组织的“100位为新中国成立作出突出贡献的英雄模范人物和100位新中国成立以来感动中国人物”评选活动中，钱学森被评为“100位新中国成立以来感动中国人物”。

三、钱学森故事

故事一：我是中国人，我的根在中国

1947年，刚刚36岁的中国科学家钱学森，被美国麻省理工学院聘为终身教授。这是一个很高的荣誉，它预示着钱学森的优厚待遇和远大前程。然而，当钱学森得知中华人民共和国成立的消息后，这个每时每刻都在想念祖国的科学家，顿时沉浸在极大的喜悦之中。钱学森在美国已经生活了10多年，又被誉为是“在美国处于领导地位的第一位火箭专家”，金钱、地位、声誉都有了。可他想：我是中国人，我的根在中国。我可以放弃在美国的一切，但不能放弃祖国。我应该早日回到祖国去，为建设新中国贡献自己的全部力量！他还对中国留学生说：“祖国已经解放了，国家急需建设人才，我们要赶快把学到的知识用到祖国的建设中去。”

故事二：我终于回来了

1954年，钱学森在被美国政府软禁期间写成的专著《工程控制论》出版后在科学界引起了强烈反响。《科学美国人》杂志希望作专题报道，并将钱学森的名字列入美国科学团体。这个想法被钱学森回信拒绝，信中写明了一句话：“我是一名中国科学家。”

1955年9月17日，钱学森一家来到洛杉矶港口，等待登上回国的邮轮。码头上挤满记者，记者追问钱学森是否还打算回美国。钱学森回答说：“我不会再回来，我没有理由再回来，这是我想了很长时间的决定。今后我打算尽我最大的努力帮助中国人民建设自己的国家，以便他们能过上有尊严的幸福生活。”

1955年10月28日，钱学森一家抵达北京。第二天清早，钱学森带着妻子和两个孩

子去了他在美国日夜想念的天安门。站在天安门广场，面对高高飘扬的五星红旗，钱学森感慨道："我相信我一定能回到祖国，现在，我终于回来了！"

四、钱学森的精神品质

钱学森是享誉海内外的杰出科学家和中国航天事业的奠基人。在他身上，充分体现了崇高的爱国主义精神、严谨的科学态度和高尚的道德情操，被誉为人民科学家。他的杰出贡献、感人事迹和崇高品格，是中华民族宝贵的精神财富。[①]在他心里，国为重，家为轻，科学最重，名利最轻。5年归国路，10年两弹成。开创祖国航天，他是先行人，披荆斩棘，把智慧锻造成阶梯，留给后来的攀登者。他是知识的宝藏，是科学的旗帜，是中华民族知识分子的典范。[②]

思　考

1. 请讲一讲钱学森的故事。
2. 请讲一讲你所理解的钱学森精神。

第九节　钱　三　强

想一想

1. 你了解原子能吗？
2. 你知道"中国原子弹之父"是谁吗？

一、钱三强其人

钱三强（1913年10月16日—1992年6月28日）是中国核物理学家，中国原子能科学事业的创始人，"两弹一星"功勋奖章获得者，被称为"两弹一星"元勋、"中国原子弹之父"。

1913年，钱三强出生于浙江绍兴的一个书香门第，原名钱秉穹，父亲钱玄同是中国著名思想家、文字学家。1937年，钱三强从清华大学物理系毕业，获得公费留学机会，前往欧洲留学，在法国巴黎大学居里实验室和法兰西学院原子核化学实验室从事

① 上海交通大学钱学森图书馆评。
② 钱学森当选2007年年度"感动中国"人物颁奖词。

原子核物理研究，导师是居里夫人的女儿伊雷娜·约里奥-居里及其丈夫让·弗雷德里克·约里奥—居里先生。1940年，钱三强获得法国国家博士学位。1946年，钱三强和妻子何泽慧一起从事物理研究，合作发现了铀核裂变的三分裂和四分裂现象（何泽慧首先捕捉到世界上第一例四分裂现象）。这些发现震动了整个物理学界，钱三强夫妇也因此被誉为“中国的居里夫妇”。

1947年，年仅34岁的钱三强成为法国科学研究中心的研究导师。然而，优越的科研条件、令人艳羡的学术地位、优渥丰厚的待遇，这些都没能阻拦钱三强回国的脚步。他说：“虽然科学没有国界，科学家却是有祖国的。祖国再穷，是自己的。而且正因她贫穷落后，更需要我们去努力改变她的面貌。”

钱三强领导建成了中国第一个重水型原子反应堆和第一台回旋加速器，以及一批重要仪器设备，为中国核物理、核工程、放射学等科研工作的开展打下了基础，为中国第一颗原子弹和氢弹的研制成功做出重要贡献。1964年10月16日，中国第一颗原子弹爆炸成功，中国成为世界上第五个拥有核武器的国家，打破了超级大国的核垄断。中国原子弹的成功研制，不仅让整个世界都震惊于中国科研进步速度，也让“钱三强”这个名字闻名世界。仅仅2年零8个月后，中国第一颗氢弹爆炸成功，中国毫无疑问成为了世界上从原子弹到氢弹发展最快的国家。

钱三强不仅直接领导了中国的原子能研发事业，更为中国核科学事业招揽和培养了大批人才，为中国科研事业的长久发展奠定基础。在钱三强等科学家的爱国情怀和科学精神的感召下，大批科学家聚集起来。钱三强领导的近代物理研究所（后改名原子能研究所）成立之初只有十几个人，很快就发展到了一百五十多人。这个研究所里的科研人员，日后都成为了中国核科学的创业者和奠基人，推动中国的原子能事业从无到有，取得一个又一个划时代成就。

二、钱三强故事

钱三强原名钱秉穹，意思是“秉性纯良，志存天穹”。那么他为什么后来改名为“钱三强”了呢？其实，“三强”这个称呼是他上中学时同学给他起的。他说：“‘三强’是同学对我的称呼，因为我排行老三，喜欢运动，身体强壮，故称我‘三强’。”父亲钱玄同很欣赏这个名字：“名字本来就是一个符号。我看‘三强’这个名字不错，可以解释为立志争取德育、智育、体育都进步。”

在居里实验室时，钱三强不仅认真完成自己分内的研究工作，还积极寻找各种研究机会，主动申请加入各种研究工作中。钱三强晚年回忆：“除了自己的论文工作以外，一有机会就帮别人干活，目的是想多学一点实际本领。”钱三强找到伊莱娜夫人，提出希望参与放射化学的实验，后者将他介绍给了化学家郭黛勒夫人。钱三强协助郭黛勒夫人制备放射源。由于钱三强认真谦逊，又积极主动，郭黛勒夫人对其他科研人员说："你们有什么事做不了，要人帮忙的话，可以找'钱'来做。他有挺好的基础，又愿意效力。"那么钱三强为什么这么做呢？他说："人家问我，你为什么要这样干？我说我比不得你们，你们这里有那么多人，各人干各人的事。我回国后只有我自己一个人，什么都得会干才行。例如放射源的提取，我自己不做，又有谁能给我提取呢？所以样样都得学会才行。"

1933年，父亲钱玄同为钱三强亲自书写了"从牛到爱"。这四个字饱含深意：一方面是激励钱三强以牛顿、爱因斯坦为榜样，在科学的道路上奋进；另一方面是因为钱三强属牛，希望他能够发挥"牛劲"，勤勉努力。钱三强把这四个字一直带在身边，成为了他的座右铭。在读北大预科班的时候，上课需要用英语，但是钱三强学的是法语，钱玄同鼓励他："目标既然确定了，就应当用艰苦的劳动去实现自己的理想。你是属牛的，克服困难要有一股牛劲！"1932年，钱三强顺利从北京大学预科毕业，并考入清华大学物理系。1936年，钱三强从清华大学本科毕业。1937年，钱三强前往巴黎大学镭学研究所居里实验室攻读博士学位。

在钱三强出国留学之前，他身染重病，父亲激励他："你学的科学，将来对国家有用，你还是出国好好学习吧！别忘记，你是属牛的，要拿出一股牛劲来！""从牛到爱"这四个字伴随钱三强一生，在困难之时给予他精神力量，他也用一生践行了这四个字：对待科学事业，铆足牛劲，牛气十足；对待祖国人民，俯首甘为孺子牛。

钱三强是享誉世界的科学泰斗，是"中国原子弹之父"。但是，他本人一直把自己比作"卵石""沙粒"。他说："我作为一个老科技工作者，能把自己化作卵石、化作沙粒，铺垫在千军万马去夺取胜利的征途上，而感到高兴、欣慰！"

三、钱三强的精神品质

钱三强对于国家和人民无私奉献的精神，激励着无数中国科学工作者。"科学没有国界，科学家却是有祖国的。"这句话被一代一代的中国科学家传承，成为中国科学精神的一部分。他在海外求学时，一直激励自己要"学以致用，报效祖国"。

钱三强认为："科学不是为了个人荣誉，不是为了私利，而是为人类谋幸福。"1982年，年近70的钱三强在接受采访时，引用了马克思的一段话表达了的科学观和价值观："如果我们选择了最能为人类福利而劳动的职业，我们就不会为它的重负所压倒，因为这是为全人类所做的牺牲；那时我们感到的将不是一点点自私而可怜的欢乐，我们的幸福将属于千万人。"

思　考

1. 请讲一讲钱三强的故事。
2. 请讲一讲你所理解的钱三强精神。

第十节　袁　隆　平

想一想

1. 你知道杂交水稻吗？
2. 你知道“杂交水稻之父”是谁吗？

一、袁隆平其人

袁隆平（1930年9月7日—2021年5月22日）是中国著名农业科学家。他为中国和世界粮食安全作出重大贡献，是中国杂交水稻事业的开创者和领导者，荣获“共和国勋章”，被誉为“杂交水稻之父”。

1930年9月7日，袁隆平出生在书香门第，家庭条件非常优渥。袁隆平自幼就对大自然产生了浓厚的兴趣。小学一年级的一天，老师带班上的孩子去学校附近的园艺场郊游。这次有趣的经历在年少的袁隆平心中埋下了农学情怀的种子。随着袁隆平的成长，这颗种子在他心中生根发芽，长成梦想之树。高考后，袁隆选择报考重庆相辉农学院，一方面因为他热爱农业，对农作物遗传学非常感兴趣，另一方面因为他心怀天下，“国以粮为本、民以食为天”，粮食安全自古就是国之大计。大学毕业时，袁隆平面临着未来的选择，他在毕业志愿书上写下了这样一句话：到最艰苦的地方去，到祖国最需要的地方去。年轻的袁隆平，踌躇满志，意气风发，来到了安江农业学校担任支教老师，在这里从事教学和科研37年之久。

1964年，袁隆平开始研究杂交水稻，常年埋首于稻田之中，发明了“三系法”籼型杂交水稻，成功研究出了“二系法”杂交水稻，创建了超级杂交稻技术体系，为中国开拓出杂交水稻的研究和发展之路。

1974年选育成功世界上第一个强优势三系籼型杂交水稻品种“南优2号”。1981年率领杂交水稻科研组获得“国家技术发明奖特等奖”。1982年被国际同行誉为“杂交水稻之父”。1987年获得“联合国教科文组织科学奖”。1995年当选为中国工程院院士，获联合国“粮食安全保障”荣誉奖章。1999年北京天文台发现的8117号小行星，被命名为“袁隆平星”。2001年获首届“国家最高科学技术奖”。2004年获美国世界粮食奖基金会颁发的“世界粮食奖”。2014年袁隆平及其团队的“两系法杂交水稻技术研究与应用”获得“国家科技进步奖特等奖”。2017年带领团队在耐盐碱杂交水稻研究上取得新进展。2018年获中共中央、国务院“改革先锋”荣誉称号，并获颁“改革先锋”奖章。2019年被授予国家最高荣誉勋章“共和国勋章”。2020年利用第三代杂交水稻新成果使水稻双季稻周年亩产量突破1 500 kg，再次实现了水稻产量的历史性突破。

袁隆平研究的水稻让中国成为水稻育种技术最先进的国家。现在的中国，种植资源最丰富，超级稻研究与新品种选育世界领先，中国也成为了大米产量最高的国家。对于世界来说，袁隆平一直倡导将自己的研究成果与世界分享，他的研究成果在印度、孟加拉国、印度尼西亚、越南、菲律宾、美国、巴西、马达加斯加等国都见到了成效。

2021年5月22日，中国杂交水稻之父袁隆平逝世，享年91岁。噩耗传来，全中国人民用各种各样的方式表达着对袁老的感激、敬意和悼念。无数人从全国聚集到湖南祭奠袁老，人们眼含热泪追着灵车，汽车自发鸣笛哀悼。袁老自称“老农民”，但中国人民称他为“当代神农”，人民日报刊文这样追忆袁老：一稻济世，万家粮足。

二、袁隆平故事

1968年5月的一天，袁隆平研究团队发现宝贵的试验田居然被踩得稀烂，秧苗也被拔光了。当团队里的人震惊愤怒的时候，袁隆平却没有因为心血被毁而暴跳如雷，也没有追究罪魁祸首是谁。他从田埂边的污泥里捡回了5根半埋在土里的秧苗，然后继续埋头工作。助手敬佩地说：“他是那种摔摔打打都不记痛的。”

1971年初，国家科委和农业部组织了一个全国协作组。当年3月，18个科研单位一百多名科研工作者都来到了袁隆平所在的海南南红农场。当时，袁隆平团队正在对野生稻“野败”进行着重要研究，袁隆平慧眼识珠，看出了“野败”的科研价值，但当时“野败”的杂交第一代还在抽穗阶段，相关科研成果还没有公之于众。这么宝贵的科研信息，一般人都会讳莫如深，生怕有人知道后捷足先登，抢去科研成果。但是，袁隆平却毫无保留地把“野败”分享给大家做实验，彰显了科学家的开阔胸襟和无私精神。袁隆平科研团队中的成员表示：“他这个人做什么都很坦荡，最恨那种保守、自私的做法”，“只要表现出对课题感兴趣，他就欢迎，给外单位的讲课也一点都不保留”。

被誉为“中国杂交水稻之父”的袁隆平，十分淡泊名利，对物质没有丝毫追求，他会买几十元钱的衣服，戴十块钱的领带，还会在遇到物美价廉的衣服时买上一大堆，给团队里的成员一人发一件。1998年，湖南一家资产评估事务所评定“袁隆平品牌”价值一千亿元，当媒体问他：“您回家跟自己的太太谈论这件事的时候，她有什么看法？”他回答道：“从来没有谈。”他不在乎金钱，戏称自己是“过路财神”，就算收到奖金也会拿出来为科研服务。1987年，联合国教科文组织科学奖颁给袁隆平1.5万美元奖金，他将这笔钱全部捐出，成立了杂交水稻奖励基金会。2004年，袁隆平荣获“世界粮食奖”，他又将12.5万美元奖金全部捐给了“袁隆平农业科技奖励基金会”。袁隆平表示：“我的钱够花就行，再多的荣誉都属于祖国。”

三、袁隆平的精神品质

袁隆平一生胸怀天下，兼济苍生。因为自己年轻时经历过饥荒，他立志要让世人都免受饥荒之苦。袁隆平有两个梦想：“一个是禾下乘凉梦，一个是杂交水稻覆盖世界梦。”在“禾下乘凉梦”里，“我们看见了长得巨大的水稻，穗子像扫帚一样茂盛，米粒像花生一样大。我们躺在这些巨大的稻草下乘凉。其实我这个梦想的实质，就是水稻高产梦，让人们吃上更多的米饭，永远都不用再饿肚子。”在“杂交水稻覆盖世界梦”里，袁隆平希望与世界分享他的研究成果，让世间永无饥荒。中央电视台《感动中国》给袁隆平的颁奖词这样写道：“他是一位真正的耕耘者。当他还是一个乡村教师的时候，已经具有颠覆世界权威的胆识；当他名满天下的时候，却仍然只是专注于田畴，淡泊名利，一介农夫，播撒智慧，收获富足。他毕生的梦想，就是让所有的人远离饥饿。”

袁隆平为世界粮食安全、农业科技创新作出了巨大贡献，获得了无尽的成就和荣誉，但他一直把自己视为一介农夫，一生扎根在稻田之中。他常说：“人就像种子，要做一粒好种子。”这句话被镌刻在他的墓碑上，成为了他的墓志铭。

思 考

1. 请讲一讲袁隆平的故事。
2. 请讲一讲你所理解的袁隆平精神。

第十一节 屠呦呦

想一想

1. 你知道第一位获诺贝尔科学奖项的中国本土科学家是谁吗？
2. 你了解“青蒿素”吗？

一、屠呦呦其人

屠呦呦是中国著名药学家。1930年，屠呦呦出生于浙江宁波的一个书香门第之家，她是五个孩子中唯一的女孩，是父母的掌上明珠。她的名字“呦呦”，出自先秦《小雅·鹿鸣》中的诗句：“呦呦鹿鸣，食野之蒿。我有嘉宾，德音孔昭。”

1951年，屠呦呦考入北京医学院（今北京大学医学部），学习生药专业。屠呦呦在医学院求学时，勤学苦读，名列前茅。1955年，她以优异的成绩从北京医学院毕业，争取到了去卫生部中医研究院（2005年更名为中国中医科学院）工作的机会。屠呦呦从事中药和西药结合研究，创制出新型抗疟药青蒿素和双氢青蒿素，被评为中国中医科学院首席科学家、终身研究员兼首席研究员、青蒿素研究开发中心主任、博士生导师、共和国勋章获得者。

1972年，屠呦呦成功提取出青蒿素，青蒿素可以有效降低疟疾患者的死亡率。2011年9月，她因为在青蒿素治疗疟疾方面功用的研究发现，获得拉斯克奖和葛兰素史克中国研发中心“生命科学杰出成就奖”，并于2015年10月获得诺贝尔生理学或医学奖，成为第一位获诺贝尔科学奖项的中国本土科学家。

2017年1月9日，屠呦呦获2016年国家最高科学技术奖。2018年12月18日，屠呦呦被授予改革先锋称号，颁授改革先锋奖章。2019年5月，屠呦呦入选福布斯中国科技50女性榜单。2020年3月，她入选《时代》周刊100位最具影响力女性人物榜。

二、屠呦呦故事

发现青蒿在治疗疟疾方面的作用后，如何提取青蒿素同时完整保留其中有效成分，成为了一个难题。最初采用高温提取的方法，但这种方法的效果并不理想。青蒿素的提取难题困扰了屠呦呦很长时间，有时甚至让她夜不能寐。偶然间，屠呦呦受到

《肘后备急方》的启发，书中记载“青蒿一握，以水二升渍，绞取汁，尽服之”，意思是“把青蒿先用水浸泡，裹上一层布，用力挤出汁来服用”。屠呦呦想是否可以用乙醚低温提取青蒿素呢？她立刻将这个想法付诸实验。然而，屠呦呦团队还遇到了很多难题。“那时药厂都停工，只能用土办法。我们把青蒿买来先泡，然后把叶子包起来用乙醚泡。”屠呦呦说。屠呦呦的同事姜廷良将他们的这种办法戏称为“土法上马”。为什么是“土法”呢？因为当时的条件过于简陋，屠呦呦团队找来7口大水缸作为提取容器，他们在大缸里装满乙醚，再把青蒿浸泡在里面，进而提取样品。终于，在1971年10月4日这一天，在190次失败后，191号青蒿乙醚中性提取物样品抗疟实验成功了，提取物对疟原虫的抑制率达到了100%。“直到第191次实验，我们才真正发现了有效成分。”屠呦呦回忆说。

然而，成功的道路一向是充满波折的。就在大家因为成功提取青蒿素而欢欣鼓舞的时候，研究人员发现药物疑似具有毒副作用。屠呦呦心急如焚，因为疟疾的流行具有季节性，一旦错过当年的临床观察季节，就要再等1年。屠呦呦当机立断，决定以身试药。她说：“我是组长，我有责任第一个试药！”于是，1972年7月，屠呦呦等3名科研人员住进北京东直门医院，开始试药工作。研究者们都知道这样的以身试药有很大的风险，但是为了科学和人民生命健康，他们依然决定以身试险，放手一搏。屠呦呦对团队的研究成果非常有信心。事实证明，她是对的！实验结果非常理想。此后，科研团队又补充了5例增大剂量的人体试服，受试者情况良好，未出现明显毒副作用。这一消息令人振奋，屠呦呦团队紧接着将药物带到海南昌江地区，进行了临床实验。实验结果非常理想，该药品对当地、低疟区、外来人口的间日疟和恶性疟均有一定的效果，尤其是对11例间日疟患者，有效率达100%。终于，青蒿素作为药物的效果被证实，成功问世。青蒿素被称为“中国神药”，屠呦呦也成为了“青蒿素之母”。

三、屠呦呦的精神品质

为了研究青蒿素药物，屠呦呦夜以继日地工作，克服了条件简陋、实验风险等重重困难，在科学的道路上无畏前行，体现了她的医者仁心和科学精神。

青蒿素研究成功后，屠呦呦名声大噪，拿奖无数。但是，她却视名利为无物。除非必要，她谢绝一切媒体的采访。2015年，屠呦呦赴海外领取诺贝尔奖时，众多的媒体记者、政府官员提前聚集到VIP登机室，想祝贺这位杰出的科学家，并为她送行。但是，众人一直没有等到屠呦呦。原来，屠呦呦不想要大张旗鼓地宣传，不喜欢名利的打扰，于是悄悄办理了登机手续，登上了航班。2016年，在中国国家最高科技奖颁奖典礼上，全场共有27位获奖者，而屠呦呦是唯一一个谢绝采访的。正是在这一年，为了纪念她对人类健康所作出的贡献，中国中科院国家天文台用她的名字命名了一颗小行星，而屠呦呦并没有出席典礼。

屠呦呦为医学发展和人类健康作出了重要贡献，但是面对巨大的名利，她不为所动，只想专心地进行科学研究，让我们看到了一位科学家对于科学的纯粹与执着。

思　考

1. 请讲一讲屠呦呦的故事。
2. 请讲一讲你所理解的屠呦呦精神。

第四章
中国方案

第一节 自力更生

想一想

1. 你了解“自力更生”这个成语的含义吗?
2. 你认为一个国家如何能够做到“自力更生”?

核心技术靠化缘是要不来的，必须靠自力更生。

——2015年2月15日，习近平总书记于中国科学院西安光学精密机械研究所的讲话

科学技术从来没有像今天这样深刻影响着国家前途命运，从来没有像今天这样深刻影响着人民幸福安康。我国经济社会发展比过去任何时候都更加需要科学技术解决方案，更加需要增强创新这个第一动力。

——2020年11月12日，习近平总书记在浦东开发开放30周年庆祝大会上的讲话

一、中国的科技自强之路

中华人民共和国之初，中国的科技研究可以说是一穷二白的局面，资金缺乏，设备不足，人才匮乏。但是，中国人民坚信“一张白纸上能够画出最新最美图画”。中国科学事业在中国共产党的带领下，坚定地走出一条独立自强的道路，通过不断地开拓创新，实现了各个领域的核心技术独立自主。

今天，科技发展日新月异，大到世界互联、国家发展，小到人们的衣食住行，人类社会的方方面面都离不开科技成果。

中国深知科技独立是国家的立身之本。对于国家安全和发展来说，至关重要的是关键核心技术的独立自主，因为这些技术是要不来、买不来、讨不来的。关键核心技术如果依赖外国，无异于被人卡住了脖子。因此，中国科学家一直致力于“卡脖子”技术难题的攻关工作。

比如，超大面源黑体就一度是中国科学家面临的“卡脖子”难题。超大面源黑体是航空航天工程中的关键设备。2020年4月，这一关键技术的攻关任务被交给了303所空天光学计量测试中心。科研人员披荆斩棘，克服了重重技术难关，最终成功交付世界口径最大的真空面源黑体，具有质量大、辐射面大、技术指标要求高等技术优点。303所空天光学计量测试中心已具备系列化黑体的批生产能力，研发出了系列化黑体和光学模拟器系列产品，在中国探月工程、卫星载荷等航空航天工程中发挥了重要作用。

此外，深海装备用固体浮力材料是海洋勘察及深海工程中极为关键的核心材料，因综合性能要求苛刻、制备难度大，成为了“卡脖子”难题。以前，这种固体浮力材料主要依赖进口，不仅价格昂贵，而且无法采购到高端产品，这对于中国深海探测事业造成了很大的阻碍。中国科学家采用自主知识产权的软化学制备技术，突破技术壁垒，解决了种种技术难题。2013年，中国科学家在南海对自主研制的固体浮力材料模块进行了长达155天的海试试验，结果非常成功，材料性能达到国际水平，这标志着中国掌握了4 500米浮力材料的重要关键核心技术，为深海载人潜水器的国产化研制提供了重要的依据和可能。2020年11月10日，中国“奋斗者”号全海深载人潜水器在马里亚纳海沟成功坐底，坐底深度10 909米。固体浮力材料核心技术的自主创新，推动了中国深海探索事业的发展，有助于中国在未来形成完整的深潜装备产业链。

曾经，中国高铁需要依靠国外技术引进。今天，中国高铁突破了国外技术封锁，打造了具有完全自主知识产权的“复兴号”。

曾经，华为手机在操作系统领域被“卡脖子”。今天，华为自主研发了鸿蒙操作系统和欧拉操作系统，实现中国在手机操作技术上的重大突破，并将操作系统开源，实现生态构建。

如今，中国独立自主完成了中国空间站设计、制造、测试的全过程，空间站的建造已经进入收官阶段。

中国研发出“华龙一号”百万千瓦级压水堆核电技术，该技术是具有完全自主知识产权的三代压水堆核电创新成果，是中国核电走向世界的“国家名片”，是中国核电创新发展的重大标志性成果。

从一穷二白到世界前列，中国的科技创新和独立自主的成果还有很多，未来也将会有更加丰硕、更加令世界惊叹的科技成就。”

二、如何实现科技独立自主

中国之所以能够实现核心技术的独立自主，离不开国家的大力倡导、科研人员的忘我投入和全社会的支持鼓励。

习近平总书记指出：“创新从来都是九死一生，但我们必须有‘亦余心之所善兮，虽九死其犹未悔’的豪情。”中国工程院院士、中国科学院大连化学物理研究所所长刘中民表示，勇闯科技“无人区”就“需要营造勇于探索、潜心钻研、宽容失败的科研氛围，激发科研工作者的潜能。”

中国上下一心，在科技独立自主的道路上坚定地前进，正如《南方周刊》中一篇文章所写的那样：“在科技自立自强的发展主旋律下，国家基建探入荒芜腹地，中国航母朝浩瀚大海驶去，航天工程一年更比一年强悍硬核，行进在自主创新的必由之路上，国民品牌用‘逆流而上’的敢为精神突出重围，让世界看到了中国科技创新的决心。攀登者永不止步，前行者总会抵达，我们始终相信，只要走下去，就会看见曙光。”

思 考

1. 请讲一讲中国的科技自强之路。
2. 请讲一讲中国是如何实现科技独立自主的。

第二节 教育强国

想一想

1. 你知道“教育强国”是什么意思吗？
2. 你认为如何能够实现“教育强国”？

中国从改革开放初期的尚未普及小学教育，到2023年学前教育毛入园率达到91.1%，全国2 895个县级行政单位全面实现义务教育基本均衡，九年义务教育巩固率达到95.7%，高等教育进入普及化阶段，毛入学率达到60.2%……占世界人口近五分之一的中国取得举世瞩目的教育发展成就，已经建成世界上规模最大的教育体系，教育普及水平实现历史性跨越，其中学前教育、义务教育达到了世界高收入国家平均水平，为世界全民教育事业作出重大贡献。

中国教育发展道路为世界文化的多样性、教育的多样性作出了突出贡献，其根本价值在于走出了一条不同的教育发展道路，为全球教育发展贡献了中国力量，为全球教育治理贡献了中国方案。

这一条道路，包含着一个国家和民族奋斗的侧影，包含着丰富的经验，为后来者立下了一个个路标。对世界其他国家尤其是发展中国家而言，这是一个具有独特启示的富矿和教育样本。

一、坚持从战略高度认识教育，优先发展教育

教育在国家发展中到底具有什么样的价值，如何与国家发展相呼应？这是每一个国家在发展教育时必须思考的重要问题，是教育决策的出发点。

观念和认知影响着对教育的定位。中国以自己的教育发展道路印证了一个道理：教育是“国之大计”。必须在战略高度上认识教育的基础性作用，并从行动上把教育放在优先发展的位置——在经济社会发展规划上优先安排教育，在财政资金投入上优先保障教育，在公共资源配置上优先满足教育需要。或许这是一个艰难的历程，但当教育的发动机发出震耳欲聋的轰鸣声，一个国家和民族就迎来了希望的曙光……

当我们回顾中国教育发展的历史，可以清晰地看到这一历程。教育投入是支撑国家长远发展的基础性、战略性投资，并日益成为评价一个国家或地区是否优先发展教育事业的重要指标。

中国以自身的发展证明：要坚持教育优先发展的战略地位不动摇，不断扩大教育投入，推动解决教育改革发展中起点低、基数大、地区差异大等重大问题。

获得优先发展的教育将成为社会发展的“探路者”。它以超越时代的先行姿态为未来发展构思着社会的形态。优先发展教育的中国经验，不仅体现在战略规划、财政资金投入和公共资源配置上优先安排和保障教育，也体现在强调教育在经济社会发展中的基础性、先导性、全局性作用，实现教育对高质量发展的全面支撑。

二、立足国情，走富有自己特色的教育发展道路

教育只有扎根本国国情、解决本国问题、扎根大地办教育，才有广阔的舞台和强大的前进定力；教育只有深植于本国文化和传统，筑牢文化自信，才能有深厚的底蕴和明晰的方向。

这是教育和国家发展共生的根本依据。脱离本国特点和本国实际的教育不会有长久的生命力和更新更迭的能力。从国家独特的历史、文化、国情出发作出自己的选择，坚定信心，建立以本国文化为底蕴、以解决本国问题为导向的教育体系，这是一个国家教

育发展的路径策略。

回顾发展历史，可以清晰地看到，当中国社会发展面临什么问题需要教育去服务和支撑，教育就集中精力推动问题的解决。

区域、城乡、学校、群体间存在教育差距，中国就推动教育均衡发展，着力办公平而有质量的教育，不断扩大优质教育资源的覆盖面，建立同人口变化相协调的基本公共教育服务供给机制，注重解决群众急难愁盼的教育问题，把人民满意作为衡量教育发展的基本尺度，把促进公平融入深化教育综合改革的各方面各环节。

为更好地服务经济社会发展，夯实制造业人才基础，中国就大力发展职业教育，积极推动产教融合、科教融汇，在紧紧服务产业发展中培育现代化产业体系，推动职业教育与区域发展相协调、与产业布局相衔接，深化省域现代职业教育体系建设改革，推进市域产教联合体、行业产教融合共同体试点，实现人才培养质量与经济社会发展双提升。

时代对创新人才的要求越来越高，中国就不断深化高等教育综合改革，把全面提高人才自主培养质量、支撑高水平科技自立自强作为主攻方向，一体推进教育发展、科技创新、人才培养，推动高校在国家创新体系中发挥重要作用。

这些带有鲜明烙印的本土实践，有力解决了本土问题，推动中国教育事业取得了一个又一个历史性成就，为丰富世界教育发展路径提供了中国方案。

三、以教育公平为主旋律，让教育成果惠及广大民众

教育公平是衡量一个国家文明程度的基本指标，是教育改革发展的关键问题，也是一个国家教育价值取向的风向标。

从世界教育史看中国，中国能在这样一个人口大国实现幼有所育、学有所教，一个关键选择，便是始终将教育公平作为社会公平的重要基础，把教育公平作为教育发展的主旋律。

中国举办着世界上最大规模的教育，在不同时期，中国教育公平面临的现实不同，所采取的路径和方法也有侧重。2012年以来，义务教育阶段建档立卡，辍学学生实现动态清零，为全面建成小康社会作出重要贡献；在义务教育全面普及的基础上，中国2895个县全部实现义务教育基本均衡，成为又一个新的里程碑；以政府为主导、学校和社会积极参与的学生资助政策体系，对“所有学段、所有学校、所有家庭经济困难学生”实现全覆盖，累计资助学生近13亿人次，确保“不让一个学生因家庭经济困难而失学、辍学”。

站在新起点，中国从教育条件、教育质量、教育保障等多个层面推进教育公平，满足人民群众“上好学”的愿望，积极推动基础教育扩优提质，加快构建优质均衡的基本

公共教育服务体系。中国以教育公平有力促进了社会公平正义。

四、推进教育数字化，寻找教育变革的新赛道

明者因时而变，知者随事而制。新世纪以来，全球掀起数字化浪潮，特别是数字化转型与人工智能已成为世界范围内教育变革的重要载体和发展方向。

中国教育也在寻找变革的突破口。推进教育数字化，赋能学习型社会建设，加强终身教育保障，中国将之视为教育发展的新赛道。

新赛道，新行动。中国主动变革，制定教育数字化战略，实施教育数字化战略行动，国家智慧教育平台成为世界第一大教育资源数字化中心和服务平台，人人皆学、处处能学、时时可学正加速实现；举办世界数字教育大会、国际人工智能与教育大会等国际会议，发布中国智慧教育平台标准规范，发布《北京共识》《上海倡议》等，国际教育数字化行动正紧锣密鼓展开……

新赛道，新成绩。2023年，联合国教科文组织授予中国国家智慧教育平台“教育信息化奖”，表彰中国在促进公共数字学习平台和数字内容可及性、培养教师和学生的数字能力，以及促进教育领域的普遍连通性方面所作的贡献。以数字化为杠杆，中国教育变革撬动全球教育变革，创造了全球数字教育国际合作的新机遇、新平台，为实现联合国2030年可持续发展目标注入新动能。

新赛道，新经验。当教育实现数字化，当课堂走向“云端”，中国最偏远地区的学生也能与北京、上海等城市的学生共享优质师资和课程，数字化为优质教育资源插上了翅膀，为教育优质均衡发展安装了加速器，人人受益。

五、营造尊师重教社会风尚，坚持把教师队伍建设作为基础工作

一个国家的教育想要腾飞，关键在教师。数千年文明史的浸润，新中国成立以来尤其是改革开放以来，中国政府对教育的高度重视，让“尊师重教”渗透进14亿多中国人的精神血液。

尊师重教是全球范围内被普遍认可的价值理念，而提高教师群体经济地位和社会地位则是将理念付诸行动的关键抓手。

中国政府提出了自己的教师标准，建立健全中国特色教师教育体系，重视师德师风，重视专业素养，专门提出以“教育家精神”引领教师成长：理想信念、道德情操、育人智慧、躬耕态度、仁爱之心、弘道追求，六个方面的要求赋予中国1800多万专任教师以崇高使命和奋斗目标。

有理想信念、有道德情操、有扎实学识、有仁爱之心，“四有”好老师既是中国人民对教师群体应当具备的核心素养的期待，更是一位中国好老师的标准画像。

“确保教师平均工资水平不低于或高于当地公务员平均工资水平”，这是中国从中央到地方政府做出的庄严承诺。中国出台了一系列政策，推动各级财政始终将教师队伍建设作为投入重点予以优先保障，不断提高教师福利待遇，让教师真正成为令人羡慕的职业。

尊师重教，必须把推动高素质教师队伍建设作为基础性工程。早在2010年，中国教育和财政部门就推出“国培计划”，旨在全面提高中小学教师特别是农村教师队伍整体素质，取得显著成效。

让“尊师重教”的理念凝聚最广泛的社会共识，赋予教师队伍建设以扎实的政策和行动支撑，从而让更多人、更多群体享有“知识改变命运”的机会，是中国教育能够与全世界分享的重要成功密码。

六、坚持互融互通，以改革创新的姿态办教育

新发展格局下，中国从国家对外开放的大局、从国家发展战略的更高层面推进教育对外开放，深入思考“世界教育，中国何为”“教育强国，开放何为”的时代命题。

中国教育改革发展成就的取得，得益于“引进来”和“走出去”的行动策略：加强与共建“一带一路”国家教育交流与合作，积极向国际社会特别是广大发展中国家提供力所能及的帮助，推动构建人类命运共同体；深化人文交流，特别是增进青少年间的理解，促进民心相通、文明互鉴……

2012年以来，从建立起中俄、中美、中英、中法等十大中外人文交流机制，打造中俄同类大学联盟、中法百校交流计划、中非（南）职业教育合作联盟等品牌项目，到开展学生创新训练营、青年创新创业高峰论坛等活动，再到与世界多个国家互办文化年、旅游年……中国与世界各国建立多层次人文合作机制，搭建更多教育合作平台，开辟更多教育合作渠道，推动不同国家间、不同文明间、不同语言使用者间相互理解、相互尊重、相互信任，让构建人类命运共同体从中国倡议扩大为国际共识，从美好愿景转化为丰富实践。

参与全球教育治理，事关各类国际教育体系定规则、定方向，事关各国在国际教育体系长远制度性安排中的地位和作用。中国教育以更加开放自信主动的姿态走向世界舞台。推动共建“一带一路”教育行动，推动“鲁班工坊”走出国门，中国职业教育标准进入合作国家国民教育体系；国际STEM教育研究所“落子”中国上海，促进全球范围内科学、技术、工程和数学领域的教育发展……

思 考

1. 中国为“教育强国”做出了哪些努力？
2. 请讲一讲教育对于国家发展的重要性。

第三节　生 态 文 明

想一想

1. 你知道什么是“生态文明”吗？

2. 你了解中国“天人合一”“道法自然”“万物平等”等传统理念吗？

一、全球气候治理

中国积极参与全球气候治理，彰显大国担当，也体现“天人合一”“道法自然”“万物平等”等中华传统思想和理念，体现了中国对于人与自然和谐发展的追求。

1. 中国气候治理成效

中国气候变化事务特使指出：“十年来，中国成为全球气候治理进程的重要参与者、贡献者和引领者，绿色低碳转型取得显著成效。”

“2012年至2021年，中国以年均3%的能源消费增速支撑了平均6.5%的经济增长，煤炭消费比重从2014年的65.8%下降到2021年的56%，年均下降1.4个百分点，是历史上下降最快的时期。”

“截至2021年底，中国非化石能源占比达16.6%，新能源累计装机容量达到11.2亿千瓦，水电、风电、光伏发电累计装机容量均达到或超过3亿千瓦，均居世界第一。可再生能源装机占全球三分之一，全球50%以上的风电、85%以上光伏设备组件来自中国。中国用于可再生能源的累计投资已达到3800亿美元，总量居全球第一。”

“中国的森林蓄积量也在增加。2021年中国森林覆盖率达到24.02%，森林蓄积量达到194.93亿立方米，已成为全球森林资源增长最多的国家。”

中国在绿色发展、低碳环保方面，已经走出了一条卓有成效的道路，探索出了符合中国国情、具有中国特色的经济、自然、文明协同发展路径。

2. 应对气候变化中国倡议

应对气候变化是全人类的共同事业，面对全球气候治理前所未有的困难，国际社会要以前所未有的雄心和行动，勇于担当，勠力同心，积极应对气候变化，共谋人与自然和谐共生之道。

坚持可持续发展。气候变化是人类不可持续发展模式的产物，只有在可持续发展的框架内加以统筹，才可能得到根本解决。要把应对气候变化纳入国家可持续发展整体规划，倡导绿色、低碳、循环、可持续的生产生活方式，不断开拓生产发展、生活富裕、生态良好的文明发展道路。

坚持多边主义。国际上的事要由大家共同商量着办，世界前途命运要由各国共同掌握。在气候变化挑战面前，人类命运与共，单边主义没有出路，只有坚持多边主义，讲团结、促合作，才能互利共赢，福泽各国人民。要坚持通过制度和规则来协调规范各国关系，反对恃强凌弱，规则一旦确定，就要有效遵循，不能合则用、不合则弃，这是共同应对气候变化的有效途径，也是国际社会的基本共识。

坚持共同但有区别的责任原则。这是全球气候治理的基石。发达国家和发展中国家在造成气候变化上历史责任不同，发展需求和能力也存在差异，用统一尺度来限制是不适当的，也是不公平的。要充分考虑各国国情和能力，坚持各尽所能、国家自主决定贡献的制度安排，不搞“一刀切”。发展中国家的特殊困难和关切应当得到充分重视，发达国家在应对气候变化方面要多作表率，为发展中国家提供资金、技术、能力建设等方面支持。

坚持合作共赢。当今世界正经历百年未有之大变局，人类也正处在一个挑战层出不穷、风险日益增多的时代，气候变化等非传统安全威胁持续蔓延，没有哪个国家能独善其身，需要同舟共济、团结合作。国际社会应深化伙伴关系，提升合作水平，在应对全球气候变化的征程中取长补短、互学互鉴、互利共赢，实现共同发展，惠及全人类。

坚持言出必行。应对气候变化关键在行动。各方共同推动《巴黎协定》实施，要持之以恒，不要朝令夕改；要重信守诺，不要言而无信。要积极推动各国落实已经提出的国家自主贡献目标，将目标转化为落实的政策、措施和具体行动，避免把提出目标变成空喊口号。

二、中国生态保护红线

生态保护红线是指在生态空间范围内具有特殊重要生态功能，必须强制性严格保护的区域，是保障和维护国家生态安全的底线和生命线，通常包括具有重要水源涵养、生物多样性维护、水土保持、防风固沙、海洋生态稳定等功能的生态功能重要区域，以及水土流失、土地沙化、石漠化、盐渍化等生态环境敏感脆弱区域。

生态保护红线是中国国土空间规划和生态环境体制机制改革的重要制度创新。中国创新生态空间保护模式，将具有生物多样性维护等生态功能极重要区域和生态极脆弱区域划入生态保护红线，进行严格保护。初步划定的生态保护红线，集中分布于青藏高原、天山山脉、内蒙古高原、大小兴安岭、秦岭、南岭，以及黄河流域、长江流域、海岸带等重要生态安全屏障和区域。生态保护红线涵盖森林、草原、荒漠、湿地、红树林、珊瑚礁及海草床等重要生态系统，覆盖全国生物多样性分布的关键区域，保护绝大多数珍稀濒危物种及其栖息地。中国“划定生态保护红线，减缓和适应气候变化”行动倡议，入选联合国“基于自然的解决方案”全球15个精品案例。生态保护红线的划定与生物多样性保护具有高度的战略契合性、目标协同性和空间一致性，将有效提升生态系统服务功能，维护国家生态安全及经济社会可持续发展所必需的最基本生态空间。

2023年1月19日，国务院新闻办公室发布的《新时代的中国绿色发展》白皮书指出：“生态保护红线是国家生态安全的底线和生命线。中国将生态功能极重要、生态极脆弱以及具有潜在重要生态价值的区域划入生态保护红线，包括整合优化后的自然保护地，实现一条红线管控重要生态空间。截至目前，中国陆域生态保护红线面积占陆域国土面积比例超过30%。通过划定生态保护红线和编制生态保护修复规划，巩固了以青藏高原生态屏障区、黄河重点生态区（含黄土高原生态屏障）、长江重点生态区（含川滇生态屏障）、东北森林带、北方防沙带、南方丘陵山地带、海岸带等为依托的‘三区四带’生态安全格局。”

思　考

1. 请讲一讲中国在生态文明方面所采取的举措。
2. 请讲一讲“生态文明”的重要性和必要性。

第四节　“一带一路”倡议

想一想

1. 你了解“一带一路”吗?
2. 你的祖国和中国有“一带一路”方面的合作吗?

一、什么是“一带一路”？

2013年9月和10月，中国国家主席习近平分别提出建设丝绸之路经济带和21世纪海上丝绸之路的重大倡议。“一带一路”是“丝绸之路经济带”和“21世纪海上丝绸之路”的简称。“一带一路”是“和平合作、开放包容、互学互鉴、互利共赢”的丝绸之路精神的延续和体现。

二、“一带一路”框架思路

“一带一路”是促进共同发展、实现共同繁荣的合作共赢之路，是增进理解信任、加强全方位交流的和平友谊之路。中国政府倡议，秉持和平合作、开放包容、互学互鉴、互利共赢的理念，全方位推进务实合作，打造政治互信、经济融合、文化包容的利益共同体、命运共同体和责任共同体。

“一带一路”贯穿亚欧非大陆，一头是活跃的东亚经济圈，一头是发达的欧洲经济圈，中间广大腹地国家经济发展潜力巨大。丝绸之路经济带重点畅通中国经中亚、俄罗斯至欧洲（波罗的海）；中国经中亚、西亚至波斯湾、地中海；中国至东南亚、南亚、印度洋。21世纪海上丝绸之路重点方向是从中国沿海港口过南海到印度洋，延伸至欧洲；从中国沿海港口过南海到南太平洋。

根据“一带一路”走向，陆上依托国际大通道，以沿线中心城市为支撑，以重点经贸产业园区为合作平台，共同打造新亚欧大陆桥、中蒙俄、中国-中亚-西亚、中国-中南半岛等国际经济合作走廊；海上以重点港口为节点，共同建设通畅安全高效的运输大通道。中巴、孟中印缅两个经济走廊与推进“一带一路”建设关联紧密，要进一步推动合作，取得更大进展。

“一带一路”建设是共建各国开放合作的宏大经济愿景，需各国携手努力，朝着互利互惠、共同安全的目标相向而行。努力实现区域基础设施更加完善，安全高效的陆海空通道网络基本形成，互联互通达到新水平；投资贸易便利化水平进一步提升，高标准自由贸易区网络基本形成，经济联系更加紧密，政治互信更加深入；人文交流更加广泛深入，不同文明互鉴共荣，各国人民相知相交、和平友好。

三、“一带一路”硕果

“一带一路”建设秉持共商共建共享原则，坚持开放、绿色、廉洁理念，努力实现高标准、可持续、惠民生目标，取得了实打实、沉甸甸的成就，已经成为深受欢迎的国际公共产品和国际合作平台。

在共建“一带一路”框架下，基础设施“硬联通”扎实推进，规则标准“软联通”亮点纷呈，互帮互助“心联通”持续深入。得益于“一带一路”倡议，东非、柬埔寨有了高速公路，哈萨克斯坦有了“出海口”，马尔代夫有了跨海大桥，老挝由“陆锁国”变为“陆联国”。中欧班列跑出逆风加速度，中老铁路、雅万高铁、克罗地亚佩列沙茨大桥建成通车，匈塞铁路、中泰铁路等重点项目建设稳步推进。截至2022年8月底，中国与共建“一带一路”国家货物贸易额累计约12万亿美元，对共建国家非金融类直接投资超过1400亿美元。

中国已累计与30多个共建国家和地区签署“经认证的经营者”互认协议，贸易投资自由化便利化水平持续提升。近期统计数据显示，共建“一带一路”国家在建的重点基础设施项目有超过三分之一采用中国标准。

一批批“小而美”的农业、医疗、减贫项目相继落地，给共建国家民众带来了实实在在的获得感。

“一带一路”超越地缘博弈的旧思维，开创了国际合作新范式。“一带一路”不是封闭狭隘的小圈子，而是开放包容的大舞台；不是中国一家的“独奏曲”，而是所有伙伴共同参与的“交响乐”。当前，全球各种基础设施建设倡议纷至沓来，这恰恰证明了“一带一路”倡议的强大生命力和风向标意义。我们对各方参与共建“一带一路”持开放态度，也愿考虑同有关国家的基础设施建设倡议进行对接，为世界提供更多优质的公共产品。

“一带一路”超越传统经贸合作模式，开辟了通向可持续发展的新路径。健康丝绸之路、绿色丝绸之路、数字丝绸之路建设方兴未艾。正如联合国秘书长古特雷斯所说，“一带一路”同可持续发展目标本质相同，可加速落实2030年可持续发展议程，令全球受益。

思　考

1. 请讲一讲“一带一路”的内涵和成就。
2. 请讲一讲“一带一路”对世界的贡献。

第五节　构建人类命运共同体

想一想

你知道“构建人类命运共同体”的倡议吗？

中国的发展和开放不仅深刻改变了自身，也深刻影响了世界。中国连续多年对世界经济增长的贡献率超过30%，是世界经济增长的重要引擎。中国拥有完整的产业体系、超大规模的市场、日益优化的营商环境、长期向好的经济基本面，已经成为世界经济的“压舱石”和“助推器”，并为广大发展中国家走向现代化提供了成功经验，促使构建人类命运共同体从美好愿景转化为丰富实践。

一、推动高质量共建“一带一路”

政策沟通。中国与150多个国家和30多个国际组织签署了共建“一带一路”合作文件，涵盖全球超过75%的国家和地区。

设施联通。印尼雅万高铁为地区经济发展“提速”；希腊比雷埃夫斯港崛起为地中海领先集装箱大港；埃塞俄比亚博莱国际机场新航站楼助力打造非洲航空枢纽；巴西美丽山特高压输电项目成为巴西广袤土地上的一条“清洁电力高速公路”……

贸易畅通。世界银行数据显示，到2030年，“一带一路”有望每年为全球带来1.6万亿美元收益，相当于全球GDP的1.3%。其中90%由伙伴国分享，可使全球760万人摆脱极端贫困、3200万人摆脱中度贫困。

资金融通。丝路基金、亚洲基础设施投资银行、新开发银行等充分发挥投融资功能。中国与共建国家开展3000多个合作项目，已拉动近一万亿美元投资。

民心相通。丝绸之路博物馆联盟、艺术节联盟中外成员单位已达562家；孔子学院和鲁班工坊为共建国家培养青年人才；菌草、水井、杂交水稻等“小而美”项目不断增进民众的获得感、幸福感。

二、落实“三大全球倡议”

积极落实全球发展倡议。中国坚持以自身发展为世界提供机遇，召开全球发展高层对话会，举办进博会、服贸会等重大展会，持续缩减外资准入负面清单。中国坚持合作共赢、共同发展：在近60国实施130多个民生项目，惠及3000万人。中国坚定推动建设开放型世界经济：成为140多个国家和地区的主要贸易伙伴，同28个国家和地区签署自贸协定。

积极落实全球安全倡议。中国是维护世界和平的中流砥柱，是联合国第二大会费国、第二大维和摊款国和安理会常任理事国中第一大维和行动出兵国。中国在热点问题上发挥负责任大国作用。

积极落实全球文明倡议。召开中国共产党与世界政党高层对话会、中国共产党与世界政党领导人峰会、亚洲文明对话大会、文明古国友好组织对话会等；持续深化与联合国教科文组织、世界旅游组织合作；举办成都大运会、杭州亚运会；同多国庆祝文化旅游年，广泛建立友好城市（省州）关系。

中国倡议顺应时代潮流、契合各国需求，合作硕果不断涌现。“一带一路”合作从亚欧大陆延伸到非洲和拉美，150多个国家、30多个国际组织签署共建合作文件；全球发展倡议框架下已开展1100多个项目，全球发展项目库已实施超过600个项目；成立全球安全倡议研究中心，倡议20个重点合作方向取得实打实成果；构建全球文明对话合作网络不断推进，国际人文交流合作持续加强……

三、推动各区域各领域国际合作

中非、中阿、中拉、中国—太平洋岛国等命运共同体建设蹄疾步稳。中国—东盟、澜沧江—湄公河国家、上海合作组织、中国—中亚等命运共同体建设迈出坚实步伐。中国同越来越多国家就构建双边命运共同体发表行动计划、联合声明或达成重要共识。

中方提出构建人类卫生健康共同体、网络空间命运共同体、核安全命运共同体、海洋命运共同体、人与自然生命共同体和地球生命共同体等重要理念，汇聚起应对全球性挑战的强大合力。

潮起宜踏浪，风正可扬帆。越来越多的国家和人民意识到，人类的命运应该由各国共同掌握，世界的未来需要大家共同创造。构建人类命运共同体前景光明，更多的精彩篇章等待世界各国一同书写。

思　考

请讲一讲中国为构建人类命运共同体所做出的努力。

第五章 中国与世界

第一节 大国担当

想一想

1. 你了解“大国担当”的含义吗？
2. 你理解“达则兼济天下”的含义吗？

一、全球发展倡议

中国提出全球发展倡议，发出了聚焦发展、重振合作的时代强音，为破解发展难题、推进全球发展事业贡献中国力量。全球发展倡议，最根本的目标是加快落实联合国2030年可持续发展议程，最核心的要求是坚持以人民为中心，最重要的理念是倡导共建团结、平等、均衡、普惠的全球发展伙伴关系，最关键的举措在于坚持行动导向，推动实现更加强劲、绿色、健康的全球发展，共建全球发展共同体。

中国主持召开全球发展高层对话会，提出落实倡议的32项重要举措，包括创设“全球发展和南南合作基金”，总额为40亿美元；启动中国—联合国粮农组织第三期南南合作信托基金，并将加大对中国—联合国和平与发展基金投入。两年来，全球发展倡议得到国际社会广泛响应，落实机制不断健全，务实合作逐步落地，共同应对粮食安全、减贫、能源安全等突出问题。全球发展促进中心顺利运转，全球发展倡议项目库不断扩大，200多个合作项目开花结果。同时，中方发布《全球发展报告》，推动建立全球发展知识网络，为破解发展难题贡献了中国智慧。目前已有100多个国家和国际组织支持全球发展倡议，70多个国家参与在联合国成立的“全球发展倡议之友小组”。

中国坚持以自身发展促进世界发展。深入贯彻新发展理念，着力推进高质量发展，推动构建新发展格局。14亿多中国人整体迈进现代化社会，意味着几乎再造一个相当于现有发达国家规模总和的市场，为各国各方共享中国大市场提供更多机遇。中国开创性举办中国国际进口博览会，办好中国国际服务贸易交易会、中国进出口商品交易会、中国国际消费品博览会等重大展会。推动各国各方共享中国制度型开放机遇，稳步扩大规则、规制、管理、标准等制度型开放。实施外商投资法及相关配套法规、新版《鼓励外商投资产业目录》等，持续缩减外资准入负面清单，高质量建设自由贸易试验区，加快建设海南自由贸易港。

中国坚持合作共赢、共同发展。作为世界上最大的发展中国家和“全球南方”的一员，中国力所能及地为其他发展中国家提供援助，帮助受援国提高发展能力。积极开展国际交流合作，同世界粮食计划署、联合国开发计划署、儿童基金会、难民署、世界卫生组织、红十字国际委员会等近20个国际组织开展合作，在埃塞俄比亚、巴基斯坦、尼日利亚等近60个国家实施了130多个项目，聚焦“小而美、惠民生”，涵盖减贫、粮食安全、抗疫、气候变化等领域，受益人数超过3000万人。积极推动并全面落实二十国集团缓债倡议，在二十国集团缓债倡议中贡献最大，同19个非洲国家签署缓债协议或达成缓债共识，帮助非洲减缓债务压力。

中国坚定推动建设开放型世界经济。中国已经成为140多个国家和地区的主要贸易伙伴，同28个国家和地区签署了21个自贸协定。高质量实施《区域全面经济伙伴关系协定》，积极推进加入《全面与进步跨太平洋伙伴关系协定》和《数字经济伙伴关系协定》，扩大面向全球的高标准自由贸易区网络。推动人民币国际化，提升金融标准和国际化水平，更好实现中国和其他国家利益融合。

二、全球安全倡议

中国提出全球安全倡议，目的是同国际社会一道，弘扬联合国宪章精神，倡导以团结精神适应深刻调整的国际格局，以共赢思维应对各种传统安全和非传统安全风险挑战，走出一条对话而不对抗、结伴而不结盟、共赢而非零和的新型安全之路。

2023年2月，中国正式发布《全球安全倡议概念文件》，进一步阐释了倡议核心理念与原则，明确了倡议重点合作方向，并就倡议合作平台和机制提出建议设想，展现了中国对维护世界和平的责任担当、对守护全球安全的坚定决心。全球安全倡议是国际公共产品，服务的是全世界人民的利益，维护的是全世界人民的安宁。

中国是维护世界和平的中流砥柱。坚持通过谈判协商方式处理同有关国家的领土主权和海洋权益争端，以谈判协商方式同14个陆上邻国中的12个国家和平解决陆地边界问题，并完成中越北部湾海域划界。忠实履行安理会常任理事国职责和使命，是联合国第二大会费国、联合国第二大维和摊款国和安理会常任理事国中第一大维和行动出兵国。30多年来，中国已派出维和人员5万余人次，赴20多个国家和地区参加联合国维和行动，成为联合国维和的关键力量。中方累计派出45批100余艘次舰艇在亚丁湾—索马里海域为7000余艘中外船只护航。

面对此起彼伏的热点问题，中国始终致力于发挥负责任大国作用，推动朝鲜半岛、巴勒斯坦、伊朗核、叙利亚、阿富汗等国际地区问题解决。在乌克兰问题上，中方积极劝和促谈，先后提出“四个应该”“四个共同”“三点思考”的主张，发布《关于政治解决乌克兰危机的中国立场》文件。派出中国政府欧亚事务特别代表，就政治解决乌克兰危机同有关各方广泛接触和交流。在中国斡旋下，沙特和伊朗实现历史性和解，为地区国家通过对话协商化解矛盾分歧、实现睦邻友好树立了典范，有力引领了中东地区“和解潮”。

中国积极致力于同各方开展反恐、生物安全、粮食安全等非传统安全领域合作，在二十国集团框架下提出国际粮食安全合作倡议，推动通过《金砖国家粮食安全合作战略》。正式启用中国—太平洋岛国防灾减灾合作中心，是中国在倡议框架下帮助发展中国家应对非传统安全挑战的又一有力行动。

三、全球文明倡议

中国提出全球文明倡议，共同倡导尊重世界文明多样性，共同倡导弘扬全人类共同价值，共同倡导重视文明传承和创新，共同倡导加强国际人文交流合作。全球文明倡议向全世界发出增进文明交流对话、在包容互鉴中促进人类文明进步的真挚呼吁，为推动构建人类命运共同体注入了精神动力。

中国召开中国共产党与世界政党高层对话会、中国共产党与世界政党领导人峰会、亚洲文明对话大会等，广泛开展双多边政党交流合作活动，推进形式多样的民间外交、城市外交、公共外交。持续深化与联合国教科文组织、联合国世界旅游组织合作，中国列入联合国教科文组织非物质文化遗产名录、名册项目达43个。

中国举办中国意大利文化和旅游年、中国希腊文化和旅游年、中国西班牙文化和旅游年等30余个大型文化和旅游年（节），推动金砖国家文化部长会议等16个多边交流合作机制和25个双边合作机制不断发展，持续举办“阿拉伯艺术节”“相约北京”国际艺术节等主场文化活动，“欢乐春节”连续举办二十余年，2017年在130余个国家举办约2000场活动，在全球举办“茶和天下”• 雅集等品牌活动。推动“一带一路”文化和旅游交流，实施“文化丝路”计划，建立丝绸之路国际剧院、博物馆、艺术节、图书馆、美术馆联盟。同各国建立了约3000对友好城市（省州）关系。开展“你好！中国”入境游推广工作。

国际社会积极评价“三大全球倡议”，认为这体现了中国的全球视野和与日俱增的国际影响力，为当前人类面临的难题提供了综合性解决方案。全球发展倡议同联合国2030年可持续发展议程高度契合，尤其呼应了广大发展中国家追求发展的心声；全球安全倡议秉持共同安全理念，重视综合施策，坚持合作之道，寻求可持续安全，为应对国际安全挑战贡献智慧；全球文明倡议倡导所有国家尊重世界文明多样性，有助于促进不同文明交流互鉴。

思　考

1. 请讲一讲中国在哪些方面促进了全球共同发展。
2. 请讲一讲中国提出了哪些倡议。

第二节　中国机遇

想一想

1. 你知道“机遇”的意思吗？你听说过“中国机遇”吗？
2. 你认为中国的发展为世界带来了哪些机遇？

中国的发展离不开世界，世界的繁荣也需要中国。习近平主席指出，“中国将始终是世界发展的重要机遇。我们敞开大门，谁来同我们合作都欢迎”“展望未来，随着中国14亿多人口整体迈进现代化，中国必将对世界经济作出更大贡献”。

发展是人类社会的永恒主题，共享发展是建设美好世界的重要路径。作为最大的发展中国家，中国始终将自身发展置于人类发展的坐标系，以自身发展为世界发展创造新机遇。在过去的10年里，中国经济总量占全球比重由2012年的11.3%提升到2022年的18%左右，对世界经济增长的年平均贡献率超过30%，始终是世界经济稳定增长的重要动力源。今日之中国，是全球第一货物贸易大国、140多个国家和地区的主要贸易伙伴，吸引外资和对外投资居世界前列，为各国提供了更多市场机遇、投资机遇、增长机遇。

开放是当代中国的鲜明标识。作为世界最具潜力的超大规模市场，中国与世界深度互动，开放的大门越开越大。新时代以来，推动贸易和投资自由化便利化，构建面向全球的高标准自由贸易区网络，建设自由贸易试验区和海南自由贸易港，推动规则、规制、管理、标准等制度型开放，中国形成更大范围、更宽领域、更深层次对外开放格局，构建互利共赢、多元平衡、安全高效的开放型经济体系。2023年前8个月，全国新设立外商投资企业同比增长33%，在全球跨境投资低迷的背景下，中国市场“磁力”越来越强，持续成为吸引全球投资的热土，充分证明改革开放是决定当代中国命运的关键一招，也是决定中国式现代化成败的关键一招。

在历史前进的逻辑中前进，在时代发展的潮流中发展。面对世界经济不稳定性不确定性明显增强，中国坚持经济全球化正确方向，反对保护主义、单边制裁、泛化国家安全概念，反对搞“筑墙设垒”“脱钩断链”，努力把互利合作“蛋糕”做大，让发展成果更多更公平惠及各国人民。中国已同150多个国家、30多个国际组织签署了共建“一带一路”合作文件。2013—2022年，中国与共建国家进出口总额累计19.1万亿美元，与共建国家双向投资累计超过3800亿美元，中国在共建国家承包工程新签合同额、完成营业额累计分别达到2万亿美元、1.3万亿美元。实践充分证明，中国好，世界才更好。中国是经济全球化的受益者，更是贡献者。

中国正以实际行动证明：中国扩大高水平开放的决心不会变，同世界分享发展机遇的决心不会变，推动经济全球化朝着更加开放、包容、普惠、平衡、共赢方向发展的决心不会变。2023年1月，新版鼓励外商投资产业目录正式施行，新增条目239条，达历年新高；6月，出台措施率先在一些具备条件的自由贸易试验区和海南自由贸易港，试点对接相关国际高标准经贸规则；8月，新一批针对性强、含金量高的政策措施出台，加大吸引外商投资力度；10月，宣布中国支持高质量共建“一带一路”的八项行动……中国以更大魄力、在更高起点上推进对外开放，践行“中国开放的大门不会关闭，只会越开越大”的坚定诺言，彰显“不断以中国新发展为世界提供新机遇”的大国担当。我们坚信，一个不断走向现代化的中国，必将为世界提供更多机遇，为国际合作注入更强动力，为全人类进步作出更大贡献。

大道至简，实干为要。新征程上，我们将围绕推进高水平对外开放，继续全面深化改革，稳步扩大规则、规制、管理、标准等制度型开放，营造市场化、法治化、国际化一流营商环境，同各方一道推动共建“一带一路”进入高质量发展的新阶段，畅通国内国际双循环，使经济发展更具韧性、更有活力，在拓展中国式现代化发展空间的同时，为全球创造更多增长机遇、转型机遇、创新机遇，让中国开放的春风温暖世界。

世界经济开放则兴、封闭则衰，唯有开放才能进步。迈步新征程，中国将以更加积极有为的行动推进高水平对外开放，发展更高层次的开放型经济，始终做全球共同开放的重要推动者，以开放、合作、共赢精神同世界各国共谋发展，携手创造人类更加美好的明天。

思　考

1. 请结合具体实例讲一讲你所理解的“中国机遇”。
2. 请结合你的专业和未来规划，讲一讲未来你会如何利用“中国机遇”。

第三节　中国国际地位

想一想

1. 请描述一下你心中中国的国际地位。
2. 你的祖国和中国有没有经济、科技和外交等方面的合作？

中国是世界上最大的发展中国家，世界第二大经济体、制造业第一大国、货物贸易第一大国、商品消费第二大国、外资流入第二大国、外汇储备第一大国。

一、中国经济

中国是世界经济发展繁荣的重要力量，中国经济一直增长势头强劲，经济发展成就举世瞩目。根据世界银行公布的报告，2013年到2021年中国对世界经济增长的平均贡献率是38.6%。只看数字有些抽象，这一数字超过了G7国家贡献率的总和。从2012年到2021年中国经济总量实现了从53.9万亿元到114.4万亿元的飞跃增长。2013年到2021年中国经济的年均增长率是6.6%。这个数字看似不高，但是远高于2.6%的同期世界平均增速，也高于3.7%的发展中经济体平均增速。2021年，中国国内生产总值比上年增长8.1%，经济增速在世界上名列前茅，中国经济总量达114.4万亿元人民币，占全球经济的比重预计超过18%。

中国经济在世界经济中发挥着越来越重要的作用。2016年，人民币正式纳入国际货币基金组织特别提款权（SDR）的货币篮子。中国是全球货物贸易第一大国，根据世界贸易组织的数据，2021年中国货物贸易进出口总额占全球货物贸易总额的比重达到13.5%。截止到2022年，中国已成为140多个国家和地区的主要贸易伙伴和全球第一货物贸易大国，与149个国家、32个国际组织签署200多份共建“一带一路”合作文件。中国债券也被先后纳入彭博巴克莱、摩根大通和富时罗素等全球指数。

中国经济的世界地位，赢得了国际社会的广泛认可，诸多学者和专业人士都对此作出了评价。巴西经济学家罗尼·林斯说：“我们永远离不开中国对全球重大事务和世界经济的参与和贡献。”韩国庆南大学远东问题研究所中国研究中心主任李相万说：“中国对世界经济增长的贡献不断提高，世界经济的复苏离不开中国经济的持续健康发展。”西班牙IE大学经济学教授贡萨洛·加兰德说：“中国是世界经济增长的重要驱动力，相信未来中国经济将持续稳定发展，为全球经济复苏作出更大贡献。”比利时赛百思中欧商务咨询公司首席执行官巴尔丹说：“中国经济所展现出的韧性和潜力将进一步增强全球投资者对中国市场的信心。稳定增长的中国经济将继续推动全球经济复苏。”塞内加尔经济学家萨姆巴表示：“中国既是出口大国，也是消费大国。立足超大规模市场优势，中国持续深化改革开放，积极畅通经济内外循环，这不仅是中国成就，也是世界之福。”

二、中国科技创新和新兴技术

实施创新驱动发展战略，把科技创新作为调整产业结构、促进经济社会绿色低碳转型的动力和保障，战略性新兴产业成为经济发展的重要引擎，经济发展的含金量和含绿量显著提升。

科技创新投入力度逐步加大。全社会研发投入由2012年的1.03万亿元增长到2021年的2.80万亿元，研发投入强度由1.91%提高到2.44%，已接近经合组织国家平均水平。企业研发投入力度不断加大，占全社会研发投入比例达到76%以上。截至2021年底，中国节能环保产业有效发明专利4.9万件，新能源产业有效发明专利6万件，分别是2017年底的1.6倍、1.7倍。2011—2020年，中国环境技术发明专利申请总量接近全球60%，是全球布局环境技术创新最积极的国家。

新兴技术成为经济发展重要支撑。人工智能、大数据、区块链、量子通信等新兴技术加快应用，培育了智能终端、远程医疗、在线教育等新产品、新业态，在经济发展中的带动作用不断增强。数字经济规模居世界第二位，“十三五”期间（2016—2020年），信息传输、软件和信息技术服务业增加值年均增速高达21%。互联网、大数据、人工智能、5G等新兴技术与传统产业深度融合，先进制造业和现代服务业融合发展步伐加快，2021年，高技术制造业、装备制造业增加值占规模以上工业增加值比重分别为15.1%、32.4%，较2012年分别提高5.7和4.2个百分点，“中国制造”逐步向“中国智造”转型升级。

绿色产业规模持续壮大。可再生能源产业发展迅速，风电、光伏发电等清洁能源设备生产规模居世界第一，多晶硅、硅片、电池和组件占全球产量的70%以上。节能环保产业质量效益持续提升，形成了覆盖节能、节水、环保、可再生能源等各领域的绿色技术装备制造体系，绿色技术装备和产品供给能力显著增强，绿色装备制造成本持续下降，能源设备、节水设备、污染治理、环境监测等多个领域技术已达到国际先进水平。综合能源服务、合同能源管理、合同节水管理、环境污染第三方治理、碳排放管理综合服务等新业态新模式不断发展壮大，2021年节能环保产业产值超过8万亿元。各地方积极探索生态产品价值实现方式路径，都市现代农业、休闲农业、生态旅游、森林康养、精品民宿、田园综合体等生态产业新模式快速发展。

三、中国在国际事务中的作用

1. 规模稳步扩大

中国稳步提高对外援助资金规模，进一步扩大援助范围。2013年至2018年，中国对外援助金额为2702亿元人民币，包括无偿援助、无息贷款和优惠贷款。其中，提供无偿援助1278亿元人民币，占对外援助总额的47.30%，重点用于帮助其他发展中国家建设中小型社会福利项目以及实施人力资源开发合作、技术合作、物资援助、南南合作援助基金和紧急人道主义援助项目。提供无息贷款113亿元人民币，占对外援助总额的4.18%，主要用于帮助其他发展中国家建设社会公共设施和民生项目。提供援外优惠贷款1311亿元人民币，占对外援助总额的48.52%，用于帮助其他发展中国家建设有经济社会效益的生产型项目和大中型基础设施，提供成套设备、机电产品、技术服务以及其他物资等。

2013年至2018年，中国共向亚洲、非洲、拉丁美洲和加勒比、大洋洲和欧洲等地区122个国家和20个国际和区域性多边组织提供援助。其中，亚洲地区30国，非洲地区53国，大洋洲地区9国，拉丁美洲和加勒比地区22国，欧洲地区8国。

2. 方式更加多元

中国援助实施方式在援建成套项目、提供物资、开展技术合作等的基础上，新增南南合作援助基金项目，同时不断创新对外援助方式手段。

援建成套项目。2013—2018年，中国共建设成套项目423个，重点集中于基础设施、农业等领域。除传统的“中方代建”援建模式外，在部分有条件的国家试点“受援方自建”方式，即在一些有完备工程建设招投标管理体系、具有组织实施经验的国家和地区，中国提供资金和技术支持，由有关国家自行负责项目的勘察、设计和建设及过程管理。

提供一般物资。2013—2018年，中国共向124个国家和地区提供物资援助890批，主要包括机械设备、检测设备、交通运输工具、药品以及医疗设备等。

开展技术合作。2013—2018年，中国共在95个国家和地区完成技术合作项目414个，主要涉及工业生产和管理、农业种植养殖、文化教育、体育训练、医疗卫生、清洁能源开发、规划咨询等领域。

开展人力资源开发合作。中国通过实施官员研修研讨、技术人员培训、在职学历学位教育项目等方式，积极开展援外人力资源开发合作。项目涉及政治外交、公共管理、国家发展、农业减贫、医疗卫生、教育科研、文化体育、交通运输等17个领域共百余个专业。2013—2018年，中国举办7000余期项目，共约20万名人员受益。

南南合作援助基金。截至2019年底，中国与联合国开发计划署、世界粮食计划署、世界卫生组织、联合国儿童基金会、联合国人口基金、联合国难民署、国际移民组织、国际红十字会等14个国际组织实施项目82个，涉及农业发展与粮食安全、减贫、妇幼健康、卫生响应、教育培训、灾后重建、移民和难民保护、促贸援助等领域。

派遣援外医疗队。截至2019年底，中国累计向72个国家和地区派遣长期医疗队，共1069批次27484名医疗队员，涵盖内外妇儿、中医、麻醉、护理、病理、检验、公共卫生等医疗医学全领域。目前有近千名医疗队员在非洲、亚洲、大洋洲、美洲、欧洲55个国家的111个医疗点开展对外医疗援助工作。

派遣志愿者。2013—2018年，中国向80多个国家派遣青年志愿者和汉语教师志愿者2万余名。

提供紧急人道主义援助。2013—2018年，中国向60个国家提供紧急人道主义援助，包括提供紧急人道主义援助物资设备、派遣国际救援队和医疗专家组、抢修受损设施。

减免有关国家债务。2013—2018年，中国免除最不发达国家、重债穷国、内陆发展中国家和小岛屿发展中国家共计98笔到期无息贷款债务，累计金额达41.84亿元人民币。

思 考

1. 请讲一讲中国经济的国际地位。
2. 请讲一讲中国科技的国际地位。
3. 请讲一讲中国在国际事务中的重要作用。

第四节　中国与世界共享发展

想一想

1. 你知道“孔子学院”和“鲁班工坊”吗?
2. 你知道“世界职业技术教育发展大会”吗?

一、教育共享

1. 孔子学院

孔子学院是经中国国际中文教育基金会授权，中外合作方本着相互尊重、友好协商、平等互利原则设立的非营利教育机构，旨在促进中文国际传播，加深世界人民对中国语言文化的了解，增进中外教育人文交流。

孔子学院业务范围包括：①开展中文教学和相关研究；②开展以中文为主要媒介的其他相关学科或领域的教学和研究；③开展中文教师培养培训；④开发中文教学资源；⑤举办中外语言文化交流活动；⑥开展与中国语言文化等相关的考试和认证；⑦开展中国教育、文化、经济等领域研究和咨询服务；⑧开展其他符合孔子学院宗旨的活动。

孔子学院合作生态以孔子学院为中心，由基金会、中外方合作机构和广大外部合作伙伴共同打造，服务孔子学院学员和全球中文学习者，所有参与方致力构建范围广泛、连接紧密、互惠互利的全球伙伴网络和命运共同体。

基金会是孔子学院和孔子课堂品牌统筹管理和运营方，原则上不直接参与孔子学院具体管理事务，主要负责向中外社会各界募集资金支持全球孔子学院发展，制定孔子学院整体发展和品牌传播规划，制定品牌标准和指南，审核授权设立孔子学院和孔子课堂，统筹协调通过孔子学院自我评估、孔子学院间交叉评估和第三方评估等方式帮助孔子学院提升办学质量。

中外方合作机构是建设孔子学院的主体，承担本机构所举办孔子学院的日常运行和管理工作，根据《孔子学院章程》和总体规划，结合孔子学院所在地实际，制定具体发展规划，建立保障孔子学院可持续高质量发展的工作机制和各项规章制度，为孔子学院运行提供必要的软硬件条件，共同筹措经费，保障日常运转和发展。

外部合作伙伴是孔子学院生态圈不可或缺的支撑力量，包括积极支持孔子学院发展的中外企业、社会组织等。

孔子学院既需要这些伙伴的支持，通过他们的参与为孔子学院未来发展奠定更加坚实基础，扩大孔子学院品牌的影响力，也通过自身所提供的服务为这些伙伴的发展创造更多的机遇，提供更广阔的空间和舞台。

2. 鲁班工坊

“鲁班工坊”是天津市原创，并率先推动、组织实施的职业教育国际合作的知名品牌项目。以鲁班的“大国工匠”形象为依托，以“国家现代职业教育改革创新示范区”建设成果为总体支撑，在境外创建的实施学历教育和技术培训的合作机构。鲁班工坊将中国优秀的职业技术和职业文化与世界分享，搭建起天津职业教育与世界沟通的桥梁。其核心目标，是培养适应合作国经济社会发展急需的高素质技术技能人才。鲁班工坊项目成果，分别获得国家教学成果特等奖、一等奖和二等奖。

鲁班工坊标识设计采用“天圆地方”的中国传统理念，用金镶玉的理念设计文字位置。背景把阶梯和祥云集合在一起，文字部分字体为汉隶。环形和方形之间采用祥云和书籍结合的图案，寓意吉祥和学府气质。其LOGO的整体形象融合金镶玉、书法、祥云、书籍、阶梯、滴水等多种国学元素。

鲁班是中国杰出的“工匠和发明家”，是手工业技艺和发明创造的典范，是建筑、民用等诸多行业的奠基者，被誉为“百工之祖”。鲁班的名字不仅是中国劳动人民伟大智慧的象征，而且代表着精湛高超的技术技能、精益求精的职业素养和不断进取的创新精神和品格。

鲁班工坊的建设，以中外双方共同制定认可的国际化专业教学标准为依据，以国家级优秀教学成果——工程实践创新项目为教学模式，以全国职业院校技能大赛所选用的优秀教学装备为基础，以校企合作开发“四位一体”的立体化教学资源为内容，以海外职业院校本土师资系统化、标准化培养培训为根本，以规划化、制度化的监管机制保障鲁班工坊的可持续发展。

大约2500年前，中国春秋时期的工匠鲁班因发明各种工具闻名于世。2500年后，中国职业教育品牌鲁班工坊承载着新时代的中国工匠精神，为世界发展贡献东方智慧。

鲁班工坊以天津作为“国家现代职业教育改革创新示范区”探索的优质教育资源为支撑，让中国职业教育优秀成果带动中国技术和产品“走出去”，为中国与其他国家合作提供支撑。中国工匠精神与智慧正通过“鲁班工坊”向当代世界传递。

工程实践创新项目教学模式（EPIP）是鲁班工坊的核心内容，是天津借鉴发达国家经验的基础上创建的教学模式。EPIP四个字母分别取自工程（engineering）、实践（practice）、创新（innovation）、项目（project）的英文首字母。将理论教学与实践教学融合为一体，在真实的工作情景中，形成与发展学生的综合职业能力与创新能力。以实际工程项目为导引，以实践应用为导向，培养学生科学探究能力和问题解决能力的新型教学模式，得到了中外职教界的广泛充分认可。

2022年8月，在首届世界职业技术教育发展大会上，《中国职业教育发展报告（2012—2022年）》宣示：发挥已建立的泰国、葡萄牙、埃塞俄比亚等国EPIP教学研究中心的作用，给更多境外合作伙伴带去先进的教学模式、优质的教学装备。2023年4月，"东非职教师资EPIP认证试验中心"成立；2023年5月，"葡萄牙自动化与人工智能类专业EPIP认证试验中心"成立；2023年8月，"泰国综合实训类课程EPIP认证试验中心"成立。这些认证机构的成立必将推进工程实践创新项目（EPIP）认证体系在全球的构建与分享应用。

3. "中文+"项目

泰国、马来西亚、坦桑尼亚、埃塞俄比亚等40多个国家和地区的100多所相关中文机构相继开设了"中文+"课程，涉及高铁、经贸、旅游、法律、海关、航空等数十个领域，课程包括空乘中文、铁路中文、医疗中文、商务中文、物流中文、全球职业规划研究等特色中文课程。

教育部职业教育与成人教育司司长在"教育这十年""1+1"系列发布会上介绍，截至2022年5月，中国400余所高职院校和国外办学机构开展合作办学，全日制来华留学生规模达到1.7万人。2019年，13所高职院校协同中国有色矿业集团有限公司，在海外独立举办第一所开展学历教育的高等职业技术学院——中国-赞比亚职业技术学院，五个教学标准成为赞比亚职业教育教学标准。在海外19个国家建立了20个"鲁班工坊"，泰国的"鲁班工坊"建设人员被授予"诗琳通公主纪念奖章"。在40多个国家和地区开展"中文+职业教育"特色项目，为各国学员提供职业教育培训和就业发展机会。

二、科技共享

人民网文章《中国与世界共享科技创新成果》中指出，中国科技开放合作的深度和广度不断得以拓展，体现在几个方面：

第一，政府间科技合作稳步发展。中国与多个国家建立创新对话机制，深入实施科技合作伙伴计划。

第二，加快启动中国牵头的国际大科学计划和大科学工程，加强气候变化、空间、健康、能源、农业等领域国际科技合作，共同应对全球性挑战。

第三，“一带一路”科技创新合作成效明显，科技人文交流、共建联合实验室、科技园区合作、技术转移四项行动取得丰硕成果，通过多种方式帮助发展中国家提升科技创新能力。

第四，以高水平科技自立自强吸引更多优质外部要素参与国内大循环。

中国为高质量发展厚植创新土壤，面向全球组织资源要素，吸引集聚全球优秀人才和创新资源融入城市和区域创新体系，打造全球创新创业乐土。

2022年8月19日至20日，教育部组织举办的世界职业技术教育发展大会在天津召开。教育部以“增进交流、深化合作、创新发展”为原则，每两年举办一次大会，逐步将大会打造成职业教育领域具有重要国际影响力的机制性会议，推动全球职业教育互学互鉴、共商共享，助力构建人类命运共同体。

大会有来自全球123个国家与地区约700名代表注册参会。其中，有来自瑞士、新加坡、阿根廷等25个国家的教育部部长，埃塞俄比亚、爱尔兰、巴基斯坦等15个国家的驻华大使，联合国教科文组织、国际电信联盟等17个国际组织负责人或代表将通过线下或线上形式出席大会。同时，还将开设“万人同屏、全球同观”虚拟会议室，邀请万名国内外政要、专家学者、院校师生等线上“同频”参会，实现亿人观众在线观会。

大会将聚焦“职业技术教育发展：新变化、新方式、新技能”这一主题，围绕数字化赋能、绿色技能、产教融合、技能与减贫、促进公平、终身学习等议题，分享各国职业教育发展经验和成果，共同探讨新形势下全球职业教育改革发展的方向和主要任务。

大会包含开幕式、主论坛、14个平行论坛、闭幕式。大会期间，举办首届世界职业院校技能大赛、世界职业教育产教融合线上博览会，并发布筹建世界职业技术教育发展联盟的倡议，形成“会、盟、赛、展”的职业教育国际交流合作崭新平台和范式。还将发布创设国际职教大奖倡议，发布《天津倡议》。

《天津倡议》呼吁，各国政府加大对职业教育的支持和投入力度，提高劳动者的收入水平和社会地位，树立职业荣誉感，增强社会认同感，鼓励用双手创造美好生活；创设国际职教大奖，让职业精神得到弘扬，让职业教育得到尊重，让职业教育创造的价值得到奖励。

《天津倡议》希望各国政府、国际组织、行业组织、企业界和教育界携起手来，加强互学互鉴和务实合作；组建世界职业技术教育发展联盟，构建全面、紧密、务实、包容的高质量伙伴关系，为实现联合国2030年可持续发展目标、构建人类命运共同体做出更大贡献。

思　考

1. 请讲一讲中国在教育共享方面的举措。
2. 请讲一讲中国在技术共享方面的举措。

参考文献

[1] 张东刚. 深入贯彻科教兴国战略　为全面建设社会主义现代化国家提供有力人才支撑[N]. 光明日报，2022-10-31（6）.

[2] 韩斌，刘玉忠. 科学技术与当代中国发展[M]. 北京：九州出版社，2007.

[3] 桂长林. 中国科技成就概览[M]. 合肥：合肥工业大学出版社，2011.

[4] 杜石然，范楚玉，陈美东，等. 中国科学技术史稿：修订版[M]. 北京：北京大学出版社，2012.